घाव करें गम्भीर

[व्यंग्य-संग्रह]

घाव करें गम्भीर

शरद जोशी

संकलन
नेहा शरद

राजकमल प्रकाशन

ISBN : 978-81-267-1983-9

मूल्य : ₹395

पहला संस्करण : 2012
तीसरा संस्करण : 2020

प्रकाशक : राजकमल प्रकाशन प्रा. लि.
1-बी, नेताजी सुभाष मार्ग, दरियागंज
नई दिल्ली-110 002

शाखाएँ : अशोक राजपथ, साइंस कॉलेज के सामने, पटना-800 006
पहली मंजिल, दरबारी बिल्डिंग, महात्मा गांधी मार्ग, इलाहाबाद-211 001
36 ए, शेक्सपियर सरणी, कोलकाता-700 017

वेबसाइट : www.rajkamalprakashan.com
ई-मेल : info@rajkamalprakashan.com

मुद्रक : बी.के. ऑफसेट
नवीन शाहदरा, दिल्ली-110 032

GHAV KAREN GAMBHIR
by Sharad Joshi
Compilation by Neha Sharad

घाव करें गम्भीर

अनुक्रम

छोटी-छोटी कहानियाँ

पंचतन्त्र : पाँच नमूना आपातकालीन लोककथाएँ

बिल्ली से सबक

मुल्क के किसी शहर के लोग जो दिल में कई शिकायतें रखते थे और सल्तनत से ख़फ़ा थे, एक दिन हुकूमत के ख़िलाफ़ जुलूस निकालने पर उतारू हो गए। ख़बर वज़ीरों तक पहुँची। हुक्म हुआ कि जुलूस दबाया जाए और इस गुस्ताख़ी को ख़त्म करने के लिए हर ज़रूरी क़दम उठाया जाए।

जुलूस निकला, उसे रोका गया और उसके लिए लाठियाँ चलाई गईं, बन्दूकें छोड़ी गईं जिससे काफ़ी लोग घायल हुए। नतीजे में जुलूस तितर-बितर हो गया और शहर में हुकूमत का दबदबा फैल गया। नेता गिरफ़्तार कर लिए गए।

कुछ वक़्त बाद वज़ीरों के हुक्म से शहर में बहुत-से अच्छे काम होने लगे। जैसे—अनाज सस्ता हुआ, कारख़ाना डला और सड़कें बनीं। यह देख एक शरीफ़ आदमी ने वज़ीर से पूछा—आप भी गजब करते हैं! कल आप इसी शहर के लोगों पर गोलियाँ चला उन्हें भूने डाल रहे थे और आज उन्हीं लोगों के लिए ख़ुशी और तरक्की के सामान कर रहे हैं?

अक्लमन्द वज़ीर ने जवाब दिया—मैं बिल्ली से सबक लेता हूँ जो किसी साफ़ जगह गन्दगी करती है तो उसे फ़ौरन मिट्‌टी से ढक देती है। बुराइयों को नेक क.मों से ढकना चाहिए और भरोसा रखना चाहिए कि जब चुनाव आएँगे, लोग बुराइयाँ भूल जाएँगे और नेक काम याद रखेंगे।

सहिष्णु

किसी शहर में एक नौजवान रहता था, जो तबीयत का गुस्सैल था और ताक़त में अपना सानी नहीं रखता था।

एक दिन वह बाज़ार से जा रहा था, तो उसने देखा कि सड़क के किनारे खड़ा एक बुज़ुर्ग शख़्स उसकी ओर देखकर बिला वजह हँस रहा है। ग़ुस्सैल तबीयत के जवान को यह हरकत पसन्द न आई। उसने बूढ़े को दो-चार गालियाँ दीं और आगे बढ़ गया। इस पर वह बुज़ुर्ग कुछ न बोला, ख़ामोश खड़ा रहा। दूसरे दिन बाज़ार में नौजवान ने फिर उसी बुज़ुर्ग को देखा, जो उसकी तरफ़ उसी तरह देखकर मुस्कुरा रहा था। नौजवान को ताज्जुब के साथ ग़ुस्सा भी आया और उसने गालियाँ देने के साथ दो-चार हाथ भी बुज़ुर्ग को रसीद कर दिए। बुज़ुर्ग कुछ न बोला, सहन करता रहा। तीसरे दिन फिर वही हुआ। नौजवान ने इस बार जमकर पिटाई की। बुड्ढे ने मार सहन की और मुस्कुराता रहा।

चौथे दिन जब फिर नौजवान ने बुड्ढे को अपनी ओर उसी प्यार से ताकते देखा, तो इस बार बजाय ग़ुस्सा करने के वह नरमी से पेश आया। उसने कहा, ''ऐ भले आदमी, तुम बड़े नेक और शरीफ़ बुज़ुर्ग हो, जो बार-बार मेरे हाथों से पिटने के बाद भी मुहब्बत से पेश आ रहे हो। ताज्जुब नहीं, अगर तुम कोई गांधीवादी हो, क्योंकि सहन करने की इतनी ताब उन लोगों में ही देखी जाती है। बताओ, मैं तुम्हारी क्या ख़िदमत कर सकता हूँ? तुमने मुझ पर गहरा असर डाला है और मैं तुम्हारी हर ख़िदमत को राज़ी हूँ।''

बुज़ुर्ग बोला, ''ऐ नौजवान, मैं चुनाव में खड़ा हूँ और तेरा वोट चाहता हूँ। इसीलिए मैं हर रोज़ तेरी तरफ़ उम्मीद-भरी निगाहों से ताकता हूँ और तेरा ग़ुस्सा पी जाता हूँ। तू मुझे वोट दे और इस क़ाबिल बना कि असेम्बली में जा सकूँ।''

नौजवान ने वादा किया कि वह वोट देगा।

कुछ दिनों बाद चुनाव हुए और ग़ुस्सैल नौजवान ने उस बुज़ुर्ग को वोट दिया। बुज़ुर्ग जीत गया और असेम्बली का मेम्बर बन गया, जल्दी ही मन्त्री भी। मगर उसके मन्त्री बनने के दूसरे ही दिन पुलिस उस ग़ुस्सैल नौजवान को ढूँढ़ती मोहल्ले में आई और उसे पकड़कर ले गई। उस पर ज़ुर्म था कि वह शान्त नागरिकों से मारपीट करता है और उससे शहर के अमन-क़ानून को ख़तरा है।

नौजवान हाथ मलकर पछताने लगा और कहने लगा– 'अफ़सोस, मैंने उस बूढ़े पर तब क्यों भरोसा किया, जब वह वोट माँग रहा था? मुझे समझना चाहिए था कि जो शख़्स ग़ुस्से को पीकर दाँत निकालता रहता है, वह ज़रूर मौके की ताक में है!'

जैसी रूह वैसे फरिश्ते

"उस्ताद!"

"हाँ, बेटे।"

"उस हिन्दू लौंडिया के लिए बड़ी तबीयत मचल रही है। आप हुकुम दें तो आज रात उसके घर में घुस जाऊँ। छुरी ले जाऊँगा। अगर ज़्यादा शोर मचाएगी तो जान ले लूँगा, मगर अरमान पूरे करके छोड़ूँगा। हुकुम दे दो उस्ताद।"

"नहीं बेटे, ऐसा नहीं करना। बात ज़ाहिर हो जाएगी तो हिन्दू-मुस्लिम दंगा हो जाने का डर है।"

"गुरु।"

"कहो वत्स!"

"उस मुसलमान लड़की का रूप मुझे पागल किए है। आप आज्ञा दें तो आज रात उसके घर में घुस जाऊँ। छुरी ले जाऊँगा।

यदि हो-हल्ला करेगी तो प्राण ले लूँगा, पर मन की पिपासा शान्त करके छोड़ूँगा। आज्ञा दे दो गुरु।"

"नहीं बेटे, ऐसा न करना। बात प्रकट हो जाएगी तो हिन्दू-मुस्लिम दंगा हो जाने का भय है।"

शिष्य और शागिर्द बिगड़ खड़े हुए।

"क्या उस्ताद!"

"क्या गुरु!"

"आपने अभी तक जाने कितनी औरतों के साथ अपनी हवस पूरी की। कितनों की इज़्ज़त ली। कितनों के साथ कुकर्म किया। पर आज हमारी तबीयत, हमारी इच्छा हो रही है तो आप इनकार कर रहे हैं, आज्ञा नहीं दे रहे हैं!"

"सुनो शागिर्द!"

"सुनो शिष्य!"

बोले उस्ताद और गुरु उनके :

"हमने जब कुकर्म किया, अपनी जाति और धर्म की स्त्रियों के साथ किया। हमने जब इज़्ज़त ली, अपने धर्म की लड़कियों की ली। हवस पूरी करने के लिए कभी दूसरे धर्म की तरफ़ नज़र नहीं डाली और इसी वजह से कभी समाज में अशान्ति नहीं फैली!"

"वाह गुरु!"

"वाह उस्ताद!"

कहा शिष्य और शागिर्द ने :

"गुनाह अपने धर्म के दायरे में हो या दूसरे धर्म के, हर हालत में गुनाह है—सवाब वह किसी तरह नहीं बन जाता और यह तुम्हारा ही असर था जो हमारी नीयत बद हुई!"

सुना गुरु ने, सुना उस्ताद ने और सुनकर दोनों ने शर्म से गर्दन लटका ली।

पुजारी

एक शहर में एक मन्दिर था। एक वृद्ध ब्राह्मण उसमें पूजा-आरती करता था। पुजारी की मृत्यु हो जाने पर उसके बेटे ने कुछ दिन काम सँभाला, पर शीघ्र ही उसका मन उचट गया। इस क्षेत्र में कोई स्कोप न देख वह मन्दिर छोड़कर चला गया और रेशम का एजेंट बनकर टूरिंग ड्यूटी पर चल दिया।

एक दिन बीता, दो दिन बीते, आठ दिन बीते, ईश्वर एकटक दरवाज़े की तरफ़ देखता रहा कि कोई पूजा करने आए, कोई नहीं आया। मजबूर ईश्वर बाहर आया, इधर-उधर देखा, रिक्शा में बैठ अख़बार के दफ़्तर में गया और विज्ञापन दिया।

सम्पादकीय विभाग को एक लेख लिखकर दिया, जिसमें ऐसे पुजारियों के प्रति खेद प्रकट किया था, जो मन्दिर में ध्यान नहीं देते हैं और मूर्ति का अपमान करते हैं। भाषा पुरानी और पंडिताऊ शैली होने के कारण लेख तो नहीं छप सका, पर विज्ञापन छप गया— 'सिल्लावाड़ी दूध-गली के मन्दिर में एक पुजारी की आवश्यकता है। स्वयं आकर मन्दिर पर मिलें।'

दो-तीन दिन बाद तक प्रतीक्षा करने पर भी कोई व्यक्ति नहीं आया। ईश्वर जानता था कि शहर में बेकारी है, काफ़ी उम्मीदवार आएँगे, पर कोई ऐसी उत्सुकता नहीं दिखाई दी। ईश्वर चिन्ता में पड़ गया।

कुछ दिन बाद एक इंटर-पास व्यक्ति, जो पैंट और फिल्मी बुश्शर्ट पहने था, मन्दिर में आया और इधर-उधर देख पुकारने लगा– "अरे कोई है?" फिर बड़बड़ाया–'स्वयं आकर मिलें, पता ही नहीं है किसी का!'

ईश्वर ने आगे बढ़कर उससे बातचीत की और पूजा-कार्य की ओर युवक की रुचि बढ़ाने का प्रयास किया। युवक ने एक बात कही–" 'पगार' क्या होगी?"

ईश्वर ने कहा, "चढ़ोतरी में से पूजन-सामग्री का ख़र्च काटकर बाक़ी सब तुम रख लेना।"

"उँह...पक्की बात कहिए कि प्रतिमाह क्या मिलेगा? फिर साल में कितनी रक़म बढ़ेगी? बोनस क्या मिलेगा? छुट्टी कितनी रहेगी? महँगाई क्या होगी? पेंशन कितने साल बाद मिलेगी?"

"भई, मन्दिरों में तो ऐसी प्रथा नहीं है।"

"सारी नौकरपेशा मानवजाति को सुविधाएँ और पर्याप्त पगार मिलती है। यह ईश्वर की कृपा समझी जाती है। पर स्वयं ईश्वर के यहाँ नौकरों की यह दुर्गति होगी, यह नहीं पता था। सो हम मानते हैं कि मनुष्य अपने नौकरों का ज़्यादा ख़याल रखता है। ईश्वर इतना ध्यान नहीं रखता।"

ईश्वर भौचक उसका चेहरा देखने लगा। फिर धीरे से बोला– "मुझे अधिक धन देने में कोई आपत्ति नहीं है, बशर्ते तुम मन्दिर के नाम पर, मेरे नाम पर अधिक चन्दा बटोर लाओ।"

"चन्दे के तरीक़े से मेरा सैद्धान्तिक विरोध है और मैं अच्छा

प्रचारक भी नहीं हूँ। मैं तो सिर्फ़ अच्छा मैनेजर हो सकता हूँ, काम कर सकता हूँ, आपको उसका पारिश्रमिक देना होगा।''

ईश्वर उस युवक की वाचालता से क्रोधित हो बोला–''तुम कलियुगी छोकरे हो, भक्तिभाव तुममें है ही नहीं, तुम पुजारी होने के योग्य भी नहीं हो।''

लड़के ने कहा, ''अभी तक सामन्तवादी आदतें तुमसे छूटी नहीं हैं। नहाने-धोने और शृंगार के लिए नौकर लगता है और उसका भी शोषण!''

ईश्वर ने लड़के को बाहर कर दिया, ''स्वर्ग में आना तब बताऊँगा।''

उसके बाद उस मन्दिर में कोई उम्मीदवार नहीं आया। उस लड़के ने मूर्तिपूजा के खिलाफ़ लेख लिखा जो मौलिक तर्क व नई शैली होने के कारण छप गया।

फिर कुछ सम्प्रदायवादियों ने मन्दिर की स्थिति पर जनता का ध्यान बँटाना चाहा था। वह केवल मुहल्ला कमेटी का चुनाव जीतने का स्टंट था। असफल रहा। आजकल मन्दिर के ओटले पर एक पान की दुकान है और अन्दर एक गँजेड़ी साधु रात में आकर सो जाता है।

दो भाई

एक गाँव में दो भाई रहते थे। एक का नाम था झूँठाजी व दूसरे का नाम था अकलफूटाजी। माँ उनको रोज़ कहती कि बेटा, नौकरी करो तो घर का काम चले। पर वह सुनते ही नहीं, सुनते ही नहीं।

एक दिन माँ ने घर से निकाल दिया और कहा कि जब तक कमाकर नहीं लाओगे, यहाँ नहीं आना।

झूँठाजी और अकलफूटाजी चले। चलते चले, चलते चले तो रास्ते में एक परदेसी जाता मिला।

"क्यों भई, कहाँ जा रहे हो?"

"कमाने जा रहे हैं।"

"तुम्हें क्या काम आता है?"

झूँठाजी ने कहा कि मेरा नाम झूँठाजी है और मैं झूठ ऐसी अच्छी बोलता हूँ कि सच्ची लगे। तुम कौन हो? कहाँ जा रहे हो?

तो परदेसी कहने लगा। मैं तो कांग्रेसी हूँ और चुनाव लड़ने जा रहा हूँ। तुम मेरे साथ चलो। मेरा प्रचार करना। तुम जैसे आदमी की तो मुझे ज़रूरत है।

झूँठाजी और अकलफूटाजी दोनों उनके साथ हो गए। कांग्रेसी उन्हें एक गाँव ले गया। बड़ी हवेली ठहराया। नहलाया-धुलाया और खादी के कपड़े पहनाए। सफ़ेद टोपी पहनाई। दोनों नेता बन गए।

अब झूँठाजी प्रचार करने जाता। सबसे कहता कि हमें वोट दो, हमें गांधीजी ने भेजा है और हम सब दुःख दूर कर देंगे।

सबने सोचा कि भई, ठीक, है इसे वोट दे दो।

पट-पट वोट पड़ गए। कांग्रेसी जीत गया।

झूँठाजी ने कांग्रेसी से कहा, "भई, अब हम जावें। हमारी नौकरी पूरी हो गई।"

कांग्रेसी बोला, "नहीं, तुम तो मत जाओ। मुझे हमेशा तुमसे काम रहेगा।"

कांग्रेसी तो मन्त्री बन गया व झूँठाजी उसका प्रचार करता। दोनों भाई आराम से रहते।

एक दिन अकलफूटाजी ने झूँठाजी से कहा, "भई, मैं तो बेकार हूँ। मुझे भी कोई काम दिला।"

झूँठाजी ने कहा, "तुम तो अकलफुटे हो। तुम्हें कौन नौकरी देगा?"

अकलफूटा ने कहा, "कुछ भी कर भई, नौकरी तो दिला। कमाई तो मैं भी करूँगा।"

झूँठाजी ने कहा, "तू मन्त्री ही बन सकता है।"

इस पर अकलफूटा ने उप-चुनाव लड़ा। झूँठाजी ने प्रचार किया और फिर अकलफूटा मन्त्री बन गया।

दोनों ने लाखों रुपये कमाए। फिर एक बार दोनों ने सोचा कि अब अपने गाँव वापस चलना चाहिए। अपने रुपये पीठ पर लाद गाँव को चले।

गाँव के बाहर एक कुआँ था। दोनों वहाँ पानी पीने बैठे तो अकलफूटा ने कहा कि अपने रुपये तो गिनकर देखें, कितने हैं?

दोनों ने वहीं कुएँ की पाल पर रुपये गिनने शुरू किए। इतने में गाँव के सेठ की दो लड़की छमछम करती पानी भरने आईं और देखा कि झूँठाजी और अकलफूटा तो लखपति बन गए। उन्होंने घर जाकर अपने बाप से कहा कि झूँठाजी और अकलफूटाजी के पास लाखों रुपये हैं।

इधर झूँठाजी और अकलफूटाजी घर पहुँचे।

"माँ, माँ, दरवाज़ा खोल।"

"कुछ कमाकर लाए हो तो खोलूँ।" अन्दर से बुढ़िया बोली।

"हाँ, हाँ! कमाकर लाए हैं।"

माँ ने दरवाज़ा खोला तो फूली नहीं समाई। इधर गाँव का सेठ दौड़ा-दौड़ा आया और बोला–"तुम दोनों के बिना तो मेरी लड़की कुंवारी बैठी हैं।"

झूँठाजी और अकलफूटाजी दोनों का ब्याह हो गया। सब मज़े में रहने लगे।

गाँव वाले कहते :

नेता है तो झूँठा
मन्त्री है तो अकलफूटा
कांग्रेस का राज
मजा दोनों ने लूटा।

क़फ़न का आराम

एक शहर में एक व्यक्ति रहता था, उसका नाम था शिवप्रसाद। एक बार शहर में हैजा फैला तो उसकी औरत मर गई। पास-पड़ोस के लोग मुर्दा फूँकने आए। एक ने कहा–"भाई शिवप्रसाद, जा, क़फ़न ला।"

शिवप्रसाद क़फ़न लेने चला।
बजाज बजाज क़फ़न दे।
मैं तो नहीं दूँ।
वह अफ़सर के पास गया।
अफ़सर अफ़सर बजाज को डाँट।
मैं तो नहीं डाँटूँ।
अफ़सर बजाज को डाँटे नहीं।
बजाज क़फ़न दे नहीं।
उसकी औरत जले नहीं।
और वह रोता रहे नहीं।

शिवप्रसाद संचालक के पास गया।
संचालक संचालक अफ़सर को कह।
मैं तो नहीं कहूँ।
संचालक अफ़सर को कहे नहीं।
अफ़सर बजाज को डाँटे नहीं।
बजाज क़फ़न दे नहीं।
उसकी औरत जले नहीं।
वह रोता रहे नहीं।
शिवप्रसाद मन्त्री के पास गया।
मन्त्री भाई संचालक को हटा।
मैं तो नहीं हटाऊँ
मन्त्री संचालक को हटाए नहीं।
संचालक अफ़सर को कहे नहीं।
अफ़सर बजाज को डाँटे नहीं।
बजाज क़फ़न दे नहीं।
उसकी औरत जले नहीं।
वह रोता रहे नहीं।
वह बेचारा जनता के पास गया।
भाई भाई, राज को बदलो तो मेरी औरत को क़फ़न मिले।
जनता ने कहा—ज़रूर-ज़रूर।

यह देख मन्त्री बोला, "शिवप्रसाद, राज मत बदलवा, मैं अभी संचालक को हटाता हूँ।"

संचालक बोला, "मुझे क्यों हटाते हो, मैं अभी अफ़सर को कहता हूँ।"

अफ़सर बोला, "मुझे क्यों कहते हो, मैं अभी बजाज को डाँटता हूँ।"

बजाज बोला, "डाँटते क्यों हो, यह क़फ़न लो।"
शिवप्रसाद क़फ़न ले आया। औरत जल गई। वार्ता ख़तम।
जैसा सुख कांग्रेस राज में उसे मिला वैसा सबको मिले।
बड़े घर ब्याह हो, ग़रीब घर भूखा रहे।
जिसने वार्ता सुनी, आगे जाकर सबसे कहे॥

गाँव में पानी

एक गाँव में बरसात नहीं हुई। ढोर-ढाँडे मरने लगे। कुएँ, बावड़ी सब सूख गए। खेत नहीं फूले। घास नहीं उगी। गाँव वाले घबरा गए।

पंचायत जमी।

"क्यों भई, क्या करें?"

"इंदर की पूजा करो।"

इंदर की पूजा हुई। भजन हुए। कीर्तन-कथा हुई। पानी फिर भी नहीं बरसा।

पंचायत फिर जमी।

"क्यों भई, क्या करें?"

तो सब चुप। कौन बोले?

एक साहूकार ने कहा, "गाँव छोड़ दो।"

सब सोचने लगे कि गाँव छोड़ें कि नहीं छोड़ें।

एक परदेसी जाता था। बोला, "एक बात कहूँ?"

"कहो भई, कहो।"

"प्रस्ताव करके कुएँ खोदने की मशीन सरकार से माँगो।"

"ये क्या चीज़ है भई, मशीन?"

तो कहने लगा, "इससे धरती फोड़ पानी निकलता है।"

परदेसी 'राम-राम' करता आगे बढ़ा। गाँव वाले ख़ुश हो गए। प्रस्ताव किया। उसे ले, हाकिमों के पास चले।

"साहबजी, साहबजी, कुएँ खुदवा दो, गाँव प्यासा मरता है।"

"ऊहुँ, मैं तो नहीं खुदवाऊँ। मुझे क्या पड़ी!"

गाँव वाले संचालक के पास गए।

"संचालक जी, बरसों तक अफ़सर बनो। हमारे गाँव में कुएँ खुदवा दो, गाँव प्यासा मरता है।"

"मरता है तो मैं क्या करूँ? मुझे फुरसत नहीं।"

गाँव वाले दुखी हो गए। मन्त्री के पास गए। पहले तो वह मिला नहीं। फिर एक बार मिला।

"मन्त्रीजी, मन्त्रीजी, गाँव प्यासा मरता है। कुएँ खुदवा दो। हमको मशीन दिलवा दो।"

मन्त्री बोला, "खुदवा तो दूँगा पर एक बात है।"

"भई, क्या बात है?"

"पाँच साल में खुदवाऊँगा।"

सबने कहा, "हम मर जावेंगे, प्यासे।"

"तो मैं क्या करूँ?"

एक चिढ़कर बोला, "अच्छा, मन्त्रीजी, फिर हम वोट नहीं देंगे चुनाव में।"

अब मन्त्री घबराया।

कहने लगा, "लेओ जी, लेओ। रुपये मंज़ूर करता हूँ। गाँव में कुएँ खुदा लो। मशीन आ जाएगी। पर एक बात है।"

"क्या बात है?"

"उद्‌घाटन मैं करूँगा मशीन का।"

"अच्छा भई, कर लेना।"

गाँव वाले ख़ुश-ख़ुश लौटे। थोड़े दिन हो गए। एक मशीन गाँव में आई। सबने कहा कि कुछ दिन में मन्त्री आएगा तो उद्‌घाटन करेगा और मशीन चलाने वाला आएगा तो कुएँ खोदेगा। थोड़े ढोर और मर गए। आदमी भी मरने लगे।

एक दिन मन्त्रीजी आए। साथ में इंजीनियर आया। गाँव वाले इकट्‌ठे हो गए। तिरंगी झंडी लगी। फौज-फाटा आ गया। सब जगह ख़ुशी हो गई कि आज कुएँ खुदेंगे।

मन्त्री बोला–"जल्दी करो, जल्दी करो। मैं उद्‌घाटन करूँगा।"

मशीन से कपड़ा हटाया तो मशीन चलाने वाले ने कहा–"अरे, यह क्या? भई, यह तो बजाज बोरिंग मशीन के पानी खींचने का पम्प आ गया। इसको वापिस भिजवाओ और मशीन मँगवाओ।"

जब तक वापिस पम्प जाए, नई मशीन आए, मन्त्रीजी आए, तब तक तो प्यास के मारे सभी ढोर मर गए। गाँव के आदमी मर गए। मशीन आई तब कोई नहीं बचा।

मन्त्रीजी को दुःख भी और सुख भी। दुःख इसका कि उद्‌घाटन नहीं किया व सुख इसका कि चलो, ख़र्चा बचा।

भोलेनाथ, साँपों के राजा, कांग्रेस का राज लम्बा करे और जैसा ख़र्चा उस गाँव में बचा, वैसा सब गाँव में बचे।

जिसके हम मामा हैं

एक सज्जन बनारस पहुँचे। स्टेशन पर उतरे ही थे कि एक लड़का दौड़ता आया। "मामाजी! मामाजी!"–लड़के ने लपककर चरण छुए।

वे पहचाने नहीं। बोले, "तुम कौन?"

"मैं मुन्ना। आप पहचाने नहीं मुझे?"

"मुन्ना?" वे सोचने लगे।

"हाँ, मुन्ना। भूल गए आप मामाजी? ख़ैर, कोई बात नहीं, इतने साल भी तो हो गए।"

"तुम यहाँ कैसे?"

"मैं आजकल यहीं हूँ।"

"अच्छा!"

"हाँ।"

मामाजी अपने भानजे के साथ बनारस घूमने लगे। चलो, कोई साथ तो मिला। कभी इस मन्दिर, कभी उस मन्दिर। फिर पहुँचे गंगाघाट। सोचा, नहा लें।

"मुन्ना, नहा लें?"

"ज़रूर नहाइए, मामाजी! बनारस आए हैं और नहाएँगे नहीं, यह कैसे हो सकता है?"

मामाजी ने गंगा में डुबकी लगाई–हर-हर गंगे।

बाहर निकले तो सामान ग़ायब, कपड़े ग़ायब! लड़का....मुन्ना भी ग़ायब!

"मुन्ना...ए मुन्ना!"

मगर मुन्ना वहाँ हो तो मिले। वे तौलिया लपेटकर खड़े हैं।

"क्यों भाई साहब, आपने मुन्ना को देखा है?"

"कौन मुन्ना?"

"वही, जिसके हम मामा हैं।"

"मैं समझा नहीं?"

"अरे, हम जिसके मामा हैं, वो मुन्ना।"

वे तौलिया लपेटे यहाँ से वहाँ दौड़ते रहे। मुन्ना नहीं मिला।

भारतीय नागरिक और भारतीय वोटर के नाते हमारी यही स्थिति है मित्रो! चुनाव के मौसम में कोई आता है और हमारे चरणों में गिर जाता है। 'मुझे नहीं पहचाना? मैं चुनाव का उम्मीदवार। होनेवाला एम.पी.। मुझे नहीं पहचाना?' आप प्रजातन्त्र की गंगा में डुबकी लगाते हैं। बाहर निकलने पर आप देखते हैं कि वह शख़्स जो कल आपके चरण छूता था, आपका वोट लेकर ग़ायब हो गया। वोटों की पूरी पेटी लेकर भाग गया।

समस्याओं के घाट पर हम तौलिया लपेटे खड़े हैं। सबसे पूछ रहे हैं–'क्यों साहब, वह कहीं आपको नज़र आया? अरे वही, जिसके हम वोटर हैं। वही, जिसके हम मामा हैं।'

पाँच साल इसी तरह तौलिया लपेटे, घाट पर खड़े बीत जाते हैं।

आम आदमी की पहचान

मैं उसके सामने खड़ा था। ज़िन्दा खड़ा था। मगर उसने मेरे अस्तित्व से साफ़ इनकार कर दिया। वह यह मानने को तैयार नहीं था कि मैं 'मैं' हूँ। और जब तक वह मानता नहीं, मुझे गवर्नमेंट डिपार्टमेंट से रुपये नहीं मिल सकते हैं।

"मैं आपके सामने साक्षात् खड़ा हूँ। मैं।"

"प्रमाण क्या है?" उसने पूछा।

"मेरे खड़े होने का?"

"अजी आप आप हैं, यह मैं कैसे जानूँ? मुझे सबूत चाहिए।"

"यार, मैं ज़िन्दा हूँ, यह बात कोई अफ़वाह तो नहीं है।"

"यह मैं कुछ नहीं जानता, मुझे सबूत चाहिए।"

"आप भारतीय संस्कृति पर भरोसा करते हैं?" मैंने पूछा।

"कर सकता हूँ, बशर्ते उससे दफ़्तर के काम में बाधा नहीं आए।"

"तो ठीक है, मैं घर जाकर अपनी पत्नी को ले आता हूँ।"

"क्यों?"

"आप उसके माथे पर बिन्दी देखिए। माँग में सिन्दूर लगा है। मेरे पास मेरे ज़िन्दा होने का इससे बढ़कर कोई प्रमाण नहीं।"

"कमाल है!"

"किस बात का?"

"आप भी पढ़े-लिखे होकर ऐसी बातें कर रहे हैं।"

"भैया, भारतीय संस्कृति में यही प्रमाण होता है।"

वह कुछ देर चुप रहा, फिर बोला, "आप पति हैं?"

"जी हाँ।"

"वो आपकी पत्नी हैं?"

"और क्या?"

"क्या सबूत इस बात का?"

"वह मेरी एकमात्र पत्नी है और मैं उसका एकमात्र पति हूँ, हम शरीफ़ लोग हैं यार!"

"ऐसा...तो जाओ, अपने एरिया के सब-इन्स्पेक्टर पुलिस से लिखवा लाओ कि हम शरीफ़ हैं।"

"आप मेरी कॉलोनी में किसी से पूछ लीजिए।"

"क्यों, आप क्या बड़े दादा हैं, कॉलोनी के?"

"नहीं।"

"फिर कॉलोनी का रौब किसे दे रहे हैं? अरे, मैं सरकारी काम करूँगा कि मोहल्ले में पूछने जाऊँगा! हर सबूत टेबल पर होना चाहिए, मेरी इस टेबल पर।"

"देखो भई, रुपयों की मंज़ूरी मेरे नाम पर हुई है। जो रुपया दिया जाना है, मुझे दिया जाना है। अब आपकी इन्सानियत इसमें है कि आप..."

"यार, आप इन्सानियत की बातें करते हैं, ये सरकारी दफ़्तर है।"

मैं चुप हो गया। फिर मैं उसे नए सिरे से समझाने लगा, "देखो दोस्त, तुम मुझे अच्छी तरह जानते हो। तुम बीसियों बार मेरे घर आ चुके हो, चाय पी चुके हो।"

"पी होगी यार, हमारी तो ज़िन्दगी ही दूसरे की चाय पीते बीती है। मगर मैं आपको नहीं पहचानता।"

"क्यों?"

"मेरा फ़र्ज़ है भई, मैं गवर्नमेंट सरवेंट हूँ। इस कुर्सी पर बैठने के बाद मैं अपने बाप को भी नहीं पहचानता।"

मैं पराजित हो गया। यह बहस अनन्तकाल तक चल सकती थी और इसका समापन होना कठिन था। सरकारी दफ़्तर में जब-जब मैंने कोशिश की है, मैं इसी तरह हारा हूँ। ख़ैर, कोशिश करना मेरा फ़र्ज़ था। मैंने धीरे से पूछा, "आप मुझे पहचानने का क्या लेंगे?"

"पच्चीस रुपया। हमारा यही रेट है।"

"ज़्यादा है।"

"इससे कम में हम किसी को नहीं पहचानते।"

"एक ज़माना था, आप दो रुपये में पहचानते थे।"

"आह, वो भी क्या दिन थे!" वह एकाएक भावुक हो गया, "सस्ती का ज़माना था। सरकारी दफ़्तरों में इनसान की पहचान एक-दो रुपयों में हो जाया करती थी। उस ज़माने में आप भी इस विभाग से सौ-पाँच सौ से ज़्यादा नहीं ले पाते थे। आजकल आप हजार-दो हज़ार ड्रा कर लेते हैं, मैं भी पच्चीस से कम में नहीं पहचानता। भगवान करे, आप ऐसी ही प्रगति करें। आप लाखों ड्रा करें, मैं आपको हज़ारों में पहचानूँ।"

मैं सुन रहा था। इस देश में जो व्यक्ति एक दर्शन अख़्तियार कर लेता है, एक जीवन-दृष्टि अपना लेता है, वह सहज में नहीं

डिगता। मैंने जेब में हाथ डाला। पच्चीस रुपये निकाले और उसकी तरफ़ बढ़ाए।

उसने रुपये जेब में रखे। कैश बॉक्स खोला और हज़ार रुपये निकाल गिनने लगा। गिनते-गिनते कहने लगा, "और बाल-बच्चे सब मजे में? बहुत दिनों से आना नहीं हुआ तुम्हारे यहाँ, भाभी जी कैसी हैं?"

दो जूतों की कहानी

बाएँ पैर के जूते से दाहिने पैर के जूते ने पूछा, "तुम किस कम्पनी के हो?"

दाहिने पैर के जूते ने उत्तर दिया, "मैं बाटा कम्पनी का हूँ।"

"सच!" बाएँ पैर का जूता यह सुनकर बहुत खुश हुआ। बोला, "मैं भी बाटा कम्पनी का हूँ।"

दो जूते। बड़े मज़बूत, बहुत चमकीले। दोनों आपस में एक-दूसरे से बड़ा स्नेह करते थे। कभी अलग नहीं हुए। जहाँ रहते, साथ रहते। जहाँ जाते, साथ जाते और साथ ही लौटकर आते। कभी ऐसा नहीं हुआ कि एक जूता बाहर जाने लगा तो दूसरे ने साथ चलने से इनकार कर दिया हो। कभी ऐसा नहीं हुआ कि एक जूता घर लौटा तो उसके साथ दूसरा जूता नहीं आया हो। बड़ा प्रेम था दोनों में।

दोनों जूतों में हर एक के पास एक-एक मोजा था और एक-एक पैर। मजाल है कि एक जूते का पैर दूसरे जूते में चला जाए! ग़लती होती भी तो ठीक कर ली जाती। दोनों में परस्पर मनमुटाव का कोई कारण नहीं था।

एक बार दोनों जूते रास्ते में जा रहे थे। मौके की बात। एक जूते को पत्थर से चोट लग गई। इस पर दूसरे ने कहा, "घबराओ मत, हिम्मत रखो, मैं तुम्हारे साथ हूँ।"

उस दिन दोनों जूतों को जिन कष्टों का सामना करना पड़ा, उनसे उनका साहस भी बढ़ा और अनुभव भी। वे यह समझ गए कि अगर हम सहयोग और लगन से चले तो हम जीवन की हर चढ़ाई पार कर सकते हैं।

दोनों जूतों को अपने पैरों की एक बात सख़्त नापसन्द थी। उनका मन्दिर में जाना। दोनों जूते ईश्वर पर विश्वास नहीं करते थे। जहाँ मन्दिर आता, वे बाहर रुक जाते। जब तक पैर अन्दर से नहीं लौटते, वे बाहर ही बैठे रहते। उनका तो कहना था कि 'हमारा ईश्वर तो हमारा पैर है। जब तक वह हममें है, हमें आगे बढ़ने से कोई नहीं रोक सकता।'

ऐसे ही चलते-चलते उनके अन्तिम दिन आ गए। एक जूते को ऐसी चोट लगी कि वह चलने के क़ाबिल नहीं रहा। जीवन से निराश हो उसने दूसरे जूते से कहा, "भाई, अब मैं किसी काम का नहीं रहा। तुम मेरी स्थिति देख ही रहे हो। मुझे मेरे हाल पर छोड़ो। तुम जहाँ जाना चाहो, जाओ। तुम मज़बूत हो, अच्छे हो, ज़िन्दगी में कुछ कर सकते हो। जाओ, तुम चले जाओ।"

दूसरे जूते ने कहा, "नहीं, मुझसे यह नहीं होगा। तुम्हें ऐसी हालत में छोड़कर मैं नहीं जा सकता। मैं तुम्हारे साथ रहूँगा। तुम्हारे बिना मुझे कहीं अच्छा नहीं लगेगा। नहीं, नहीं, ऐसा नहीं होगा। हम साथ जिए हैं, साथ मरेंगे।"

धीरे-धीरे उनका जीवन समाप्त होने लगा। मैत्री और प्रेम की जिस मज़बूत डोर में वे बँधे हुए थे, उसमें वे अन्त तक बँधे रहते, मगर तभी एक घटना घटी। एक दिन एकाएक उनके पैरों ने उन्हें

पहना और तेज़ी से चल दिए। जूते घिसते हुए उनके साथ चल पड़े।

वह शख़्स जो इन जूतों को पहने था, राजनीतिक सभा में पहुँचा और किसी नेता का भाषण सुनने लगा। तभी उसे जाने क्या सूझा, उसने हाथ झुकाया, दाहिने पैर से जूता निकाला और उसे हवा में सन्ना दिया।

जूता हवा में उठा, एक तीर की तरह चला और नेता की नाक पर लगा।

भगदड़ मच गई, डंडे चलने लगे। लोग धीरे-धीरे भागने लगे और वह शख़्स जिसके ये जूते थे, दूसरे जूते को भी वहीं छोड़ भाग गया।

कुछ देर बाद सन्नाटा था। न मंच पर कोई था और न ही श्रोताओं में।

एक जूता मंच पर था, दूसरा जूता आडियंस में पड़ा था। मंच पर पड़े जूते ने चिल्लाकर कहा, "मित्र, मेरा तो जन्म सार्थक हो गया। मैं पोलिटिक्स में आ गया। मैं हवा में उठा और एक नेता की नाक पर पड़ा। अब मैं शेष जीवन भी राजनीति में बिताना चाहता हूँ।"

आडियंस में पड़े जूते ने अफ़सोस से कहा, "हाय, मुझे किसी ने नहीं उठाया! तुम तो नाक पर पड़े हो, मुझे उठाते तो मैं उस नेता के सिर पर पड़ता।"

एक रद्दी चीज़ें बटोरनेवाले ने उन जूतों को उठाया और एक कबाड़ी के यहाँ बेच दिया।

आजकल वे दोनों जूते उस कबाड़ी के यहाँ हैं और इस बात का इन्तजार कर रहे हैं कि कोई आए, उन्हें उठाकर इन ढोंगी, भ्रष्ट, पाखंडी नेताओं पर मारे। उनका कहना है–'अब किसी के पैरों

के क़ाबिल तो हम नहीं रहे—हाँ, किसी के सिर के क़ाबिल हम ज़रूर हैं।'

तो मित्रो, आपकी जब इच्छा हो, जब आपके हाथों में दम हो, जुंबिश हो, आप उन जूतों का इस्तेमाल कर सकते हैं। जब सचमुच इच्छा होगी तो उनका क्या, आप किसी भी जूते का उपयोग करें। देश के सारे जूते राजनीतिक परिवर्तन के लिए आपकी सेवा में हाज़िर हैं।

ताशतन्त्र की घोषणा

तख़्त के पास रखी पुरानी जड़ाऊ कुर्सी पर बैठी लाल पान की बेगम काफ़ी देर से मसालेदार दिलबहार पान चबा रही थी। उसका फूला हुआ मुँह, आँख का कजरा और नाक की नथ में लगे मोती की सफ़ेद लकीर बड़ी मनमोहक थी जो तख़्त पर बैठे बूढ़े लाल पान के बादशाह को पसन्द आ रही थी। एकाएक लाल पान की रानी ने गर्दन मटकाई और कहा, "मैं चुनाव लड़ूँगी।"

हुक्का गुड़गुड़ाता हुआ लाल पान का बादशाह यह सुन चौंक गया, "बस करम कर नाज़नीन, मोतियों की माला पहन, चुनिन्दे खाने खा, क्लबों में बैठकर प्यारी-प्यारी बातें कर, बाग़ों में झूले झूल, गानों की रिकॉर्ड ख़रीद, तुझे रैयत की भली पड़ी जो 'डेमोक्रेसी' में टाँग फँसा रही है। चुनाव लड़ने की तूने भली चलाई।"

बादशाह शेयर बाज़ार की कमाई, रेस के घोड़ों की कमाई, कारख़ानों में लगी पूँजी का लाभ, बड़े फ़ार्मों और फल-बाग़ानों की उपज, बाप-दादा का धन और मकानों के किराये से मिलने वाले

रुपयों के सहारे जैसे-तैसे जीवनयापन कर रहा था। उसके तेवरों में कमी नहीं आई थी। वह उन्हीं राजाओं का वंशज था जो ऐसे मौकों पर अपनी रानियों से कहा करते थे–'तुम तो बैठो शीशमहल में, तुमको कौन पड़ी परवाय।' बादशाह ने उसी अंदाज में बेगम को कहा था मगर कोई असर नहीं हुआ।

"सरकार जब देखो छोटी-सी ट्रंप चाल चल देती है और तुम बादशाह होकर दब जाते हो। अरे प्रजातन्त्र आ गया तो क्या हुआ, गाँव की पब्लिक तो वैसी ही गँवार है, वह तो हमें वोट देगी। हमारी भक्ति करती है।" रानी बोली।

"तुम क्या कहती हो बेगम! क्या चुनाव लड़कर मैं मन्त्री बनूँ? इससे मेरा ओहदा गिरता है। जिस सिर पर ताज रखा उस पर टोपी पहनूँगा क्या? कैसी बात करती हो! संसद में बैठ विरोधियों की बातें सुनूँ। एक ज़माना था, हम विरोधियों की ज़ुबान काट देते थे, उनकी खाल में भुस भरवा देते थे। अब वह ज़माना गया।"

"हाथ-पर-हाथ धरे बैठे रहोगे तो राजा, मन्त्री तो होना दूर, रैयत हो जाओगे, आम पब्लिक। सड़क पर जूतियाँ चटकाओगे अगर समाजवाद आ गया। यह विदेशी कारें देखने को नहीं मिलेंगी। मैं कहती हूँ कि ख़ुद लड़ो और अपने अमले को, जागीरदारों को खड़ा करवाओ–जनसंघ साथ देगी तुम्हारा।"

लाल पान की बेगम की बातों ने मतिभ्रष्ट राजा को सोचने के लिए मजबूर किया। वह कुछ देर तक हुक्का गुड़गुड़ाता रहा फिर बोला, "ठीक है, हम चुनाव लड़ेंगे। सन् बहत्तर के चुनाव में हम धूमधाम से खड़े होंगे। तैयारियाँ चालू करो।"

दूसरे दिन पुराने राजमहल से वह पुराना मुनादी करनेवाला ढोल पीटता निकला और बाहर के चौराहों पर ताश के बादशाह का चुनाव घोषणापत्र सुनाने लगा : "हुकुम सरकार का कि रियाया के मालिक,

ग़रीबों के नवाज़, जार्ज षष्ठम के दुलारे, ताश कुलदीपक, हिज़ हाइनेस लाल पान और हर हाइनेस लाल पान राजतन्त्र की आन-बान-शान को क़ायम रखने, प्रजातन्त्र पर कृपा करने, रियाया की माँग पर अपने ग़ुलाम दस्से-अट्ठे और छक्कों सहित सन् बहत्तर के आम चुनाव में खड़े होने जा रहे हैं। रियाया को मालूम होवे कि ताश के बादशाहों, बेगमों और ग़ुलामों की (जिनमें जनसंघ के नेता शामिल हैं) हुकूमत आने पर इस देश के वही हाल कर दिये जाएँगे जो मुई आज़ादी आने के पहले थे। ग़रीबों की बेकारी और बेरोज़गारी दूर करने के लिए शेर के शिकार का चलन बढ़ाया जाएगा। ग़रीब परजा को हाँका लगाने का अवसर मिलेगा। मुल्क की ख़ुशहाली बढ़ाने के लिए विलायत से इम्पाला गाड़ियों का आयात बढ़ाया जाएगा। ऊँचे क़िस्म की शराब का आयात भी बढ़ाकर राष्ट्रीय एकता में वृद्धि की जाएगी। राज्यों, जागीरदारों, जमींदारों और सेठों के बच्चों के लिए नए पब्लिक स्कूल खो़ले जाएँगे जिससे शिक्षा का विकास हो। ग़ैर मुल्कों में हिन्दुस्तान की इज़्ज़त बढ़ाने के लिए ख़ुद राजा साहब साल में तीन महीने पेरिस में रहेंगे। पैलेस के सामने की सड़क चौड़ी की जाएगी और सरकारी टैक्स सलामी मुजरे की भेंट के बतौर लिये जाएँगे। अमन क़ानून बनाए रखने के लिये सरकारी कारिन्दे हन्टर हाथ में ले, घोड़े पर बैठ गाँव-गाँव घूमेंगे। प्रजातन्त्र के सारे मामले दरबारे आम में ख़ुद राजा साहब तय करेंगे। समाजवाद लाने पर भी फुरसत से गौर किया जाएगा। पब्लिक के लिए महाराज रोज़ सुबह खिड़की से दर्शन देंगे दस मिनट के लिए और माह में एक बार सवारी बीच सड़क से निकलेगी। छब्बीस जनवरी ख़त्म कर, दशहरा दरबार फिर चालू किया जाएगा। रियाया को हुकुम दिया जाता है कि महाराजा, महारानी और उनके कारिन्दों (जिनमें जनसंघ के नेता भी शामिल हैं) वोट देकर अपने फ़र्ज़ की तामील करें।"

दही कटोरा हाथ में

मुझे उसका बाज़ार में दही लेने आना अच्छा लगा। मैं तब बाज़ार में खड़ा पान चबा रहा था। मैं अक्सर वहीं या उसके आसपास खड़ा रहता था। देखा, वह एक हम-उम्र अफ़सर के साथ बँगलोंवाली पहाड़ी की ढलान से चला आ रहा है। उसके हाथ में एक भगौनी थी और बार-बार सिमटने का प्रयत्न कर रही मुस्कान में संकोच भी। वह उस समय सफ़ेद पैंट पर नीली बुश्शर्ट पहने था और ऐसे छोकरे की तरह लग रहा था जो पिता की आज्ञा से सख़्त दोपहरी में मस्ती करते हुए दही लेने जाता है। वह छोटे शहर से आया था और बड़ी नौकरी मिल जाने के बाद भी उसका छोटे शहर का बना रहना बड़ी अच्छी बात थी। यों प्रभावित करने का उसका अपना ढंग था।

मेरा यों कि यदि मैं किसी से प्रभावित होना चाहूँ तो हो लूँ और मेरा वैसा मूड न हो तो न भी होऊँ। देखा जाए तो यह छोटे शहर और क़स्बों की मजबूरी है। हम आत्मीयता-भरे वातावरण को चाहे वह कुछ हद तक नक़ली भी हो, पूरी तरह अपनी सच्चाई की

हथौड़ियाँ लिये तोड़ नहीं सकते। बहसें जब सम्बन्ध टूटने के छोर पर पहुँचने लगती हैं, कोई ज़रूर कहता है कि चलो, चाय पीएँ। जो सहनशीलता की सीमा तक जा रिश्तों के पुल क़ायम रखते हैं, वे अक्सर क़स्बों से आए लोग होते हैं।

वह मुझे देख संकोच में मुस्कुराया। शायद उसे मेरा इस तरह एकाएक मिल जाना अजीब लगा। और उससे अधिक उस हम-उम्र अफ़सर को, जो खिंचा-खिंचा-सा साथ चल रहा था, पर अब लगभग खिलंदड़े हो जाने के अतिरिक्त उनके पास चारा न था। या वे सचमुच सहज हों और मुझे समझने में गलती हो रही थी।

मैंने उससे पूछा, "इस वक़्त आप लोग कैसे?"

तब चार के आसपास बज रहे थे और यह समय अफ़सर के, चाहे वह अपेक्षाकृत छोटे ही पद पर हो, सड़क पर आने का नहीं होता।

"दही लेना है और यहाँ पता नहीं, दही कहाँ अच्छा मिलेगा?" उसने पूछा, "क्या आप जानते हैं?"

शायद हो सकता है, इस वाक्य को उसने किसी दूसरी तरह बनाया हो।

उस छोटे से शहर में इस प्रश्न का मेरे पास उत्तर था। जीवनभर चप्पलें घिसना कहीं तो सार्थकता प्राप्त करता है। ज़रूरी नहीं कि आप निरन्तर भटककर बौद्ध हो जाएँ। आप उससे अधिक उपयोगी हो सकते हैं। जैसे आपको पता होता है कि प्लास्टिक का सामान कहाँ अच्छा मिलता है अथवा किस होटल की उबली चाय अपेक्षाकृत पीने लायक होती है या किस सिनेमा का साउंड सिस्टम बेहतर है। अपनी नम्रता बनाए हुए मैं यह कहना चाहता हूँ कि उसके सौभाग्य थे कि जब वह पहली बार इस नगर में दही खरीदने निकला, मैं उसे सड़क पर मिला।

मुझे कई बार सपना आता है कि मैं एक धुँधली-सी सड़क पर अँगुली पकड़े एक बच्चे को दही की दुकान की ओर ले जा रहा हूँ। सपना टूटने पर मैं स्वयं से पूछता हूँ कि मैं उसे दही की दुकान की ओर क्यों ले गया?

दूसरे दिन उसने बताया कि दही अच्छा था। उसे यह बात ज़रूर उसकी पत्नी ने कही होगी या उसके ससुर ने, जो प्रायः अपने अफ़सर दामाद के सुविधा-भरे जीवन का थोड़ा अंश भोगने वहाँ आ जाते थे। मैं शर्त बदकर कह सकता हूँ कि दही के बारे में उसे कोई समझ नहीं है। बिलकुल। आप चाहें तो आज इस बात की जाँच कर सकते हैं। एक लम्बे अनुभव से गुज़रने के बाद आप दही अच्छा है या नहीं, यह पहचान पाते हैं। मुझे इस बात पर गर्व था। यों यह बेमानी-सी बात है।

मैं क्यों आज भी अक्सर उस धुँधली सड़क पर उस बच्चे को दही की दुकान की ओर ले जाता हूँ?

नेतृत्व की ताक़त

नेता शब्द दो अक्षरों से बना है–'ने' और 'ता'। इनमें एक भी अक्षर कम हो, तो कोई नेता नहीं बन सकता। मगर हमारे शहर के एक नेता के साथ अजीब ट्रेजेडी हुई। वह बड़ी भाग-दौड़ में रहते थे। दिन गेस्टहाउस में गुज़ारते, रातें डाक बँगलों में। लंच अफ़सरों के साथ लेते, डिनर सेठों के साथ। इस बीच जो वक़्त मिलता, उसमें भाषण देते। कार्यकर्ताओं को सम्बोधित करते। कभी-कभी ख़ुद सम्बोधित हो जाते। मतलब यह कि बड़े व्यस्त। 'ने' और 'ता' दो अक्षरों से तो मिलकर बने थे। एक दिन यह हुआ कि उनका 'ता' खो गया। सिर्फ़ 'ने' रह गया।

इतने बड़े नेता और 'ता' ग़ायब। शुरू में तो उन्हें पता ही नहीं चला। बाद में सेक्रेटरी ने बताया, ''सर, आपका 'ता' नहीं मिल रहा। आप सिर्फ़ 'ने' से काम चला रहे हैं।''

नेता बड़े परेशान। नेता का मतलब होता है, नेतृत्व करने की ताक़त। ताक़त चली गई, सिर्फ़ नेतृत्व रह गया। 'ता' के साथ ताक़त

गई। तालियाँ ख़त्म हो गईं, जो 'ता' के कारण बजती थीं। ताज़गी नहीं रही। नेता बहुत चीख़े। मेरे ख़िलाफ़ यह हरकत विरोधी दलों ने की है। इसमें विदेशी शक्तियों का हाथ है। यह मेरी छवि धूमिल करने का प्रयत्न है। पर जिसका 'ता' चला गया, उस नेता की सुनता कौन है? सी.आई.डी. लगाई गई, सी.बी.आई. ने जाँच की, रॉ की मदद ली गई–'ता' नहीं मिला।

नेता ने एक सेठ जी से कहा, ''यार, हमारा 'ता' ग़ायब है। अपने ताले में से 'ता' हमें दे दो।''

सेठ कुछ देर सोचता रहा। फिर बोला, ''यह सच है कि 'ले' की मुझे ज़रूरत रहती है क्योंकि 'दे' का तो काम नहीं पड़ता, मगर ताले का 'ता' चला जाएगा, तो लेकर रखेंगे कहाँ? सब इनकम टैक्स वाले ले जाएँगे। तू नेता रहे कि न रहे, मैं ताले का 'ता' तो तुझे नहीं दूँगा। 'ता' मेरे लिए बहुत ज़रूरी है। कभी तालाबन्दी करनी पड़ी तो ऐसे वक़्त तू तो मज़दूरों का साथ देगा। मुझे 'ता' थोड़े देगा।''

सेठ जी को नेता ने बहुत समझाया, ''जब तक नेता रहूँगा, मेरा 'ता' आपके ताले का समर्थन और रक्षा करेगा। आप 'ता' मुझे दे दें और फिर 'ले' आपका। लेते रहिए, मैं कुछ नहीं कहूँगा।''

सेठ जी नहीं माने। नेता क्रोध से उठकर चले आए।

विरोधी मज़ाक बनाने लगे। अख़बारों में ख़बर उछली कि कई दिनों से नेता का 'ता' नहीं रहा। अगर 'ने' भी चला गया, तो ये कहीं का नहीं रहेगा। खुद नेता के दल के लोगों ने दिल्ली आकर शिकायत की, ''आपने एक नेता हमारे सिर पर थोप रखा है, जिसके पास 'ता' नहीं है।''

नेता दुःखी था, पर उसमें इतनी हिम्मत नहीं थी कि वह जनता में जाए और कुबूल करे कि उसमें 'ता' नहीं है। यदि वह ऐसा करता,

तो जनता शायद अपना 'ता' उसे दे देती। पर उसे डर था कि जनता के सामने उसकी पोल खुल गई तो क्या होगा?

एक दिन उसने अजीब काम किया। कमरा बन्द कर जूता में से 'ता' निकाला और 'ने' से चिपकाकर फिर नेता बन गया। यद्यपि उसके व्यक्तित्व से दुर्गन्ध आ रही थी मगर वह ख़ुश था कि चलो, नेता तो हूँ। केन्द्र ने भी उसका समर्थन किया। पार्टी ने भी कहा, ''जो भी नेता है, ठीक है। हम फिलहाल परिवर्तन के पक्ष में नहीं।''

समस्या सिर्फ़ यह रह गई कि लोगों को इस बात का पता चल गया। आज स्थिति यह है कि लोग नेता को देखते हैं और अपना जूता हाथ में उठा लेते हैं। उन्हें डर है कि कहीं वह इनके जूतों में से 'ता' न चुरा ले।

पत्रकार अक्सर प्रश्न पूछते हैं, ''सुना, आपका 'ता' ग़ायब हो गया था पिछले दिनों?''

वे धीरे से कहते हैं, ''ग़ायब नहीं हो गया था। वो बात यह थी कि माताजी को चाहिए था, तो मैंने उन्हें दे दिया था। आप तो जानते हैं, मैं उन्हें कितना मानता हूँ। आज मैं जो भी कुछ हूँ, उनके ही कारण हूँ। वे 'ता' क्या, मेरा 'ने' भी ले लें, तो मैं इनकार नहीं करूँगा।''

ऐसे समय में नेता की नम्रता देखते ही बनती है। लेकिन मेरा विश्वास है, मित्रो, जब भी संकट आएगा, नेता का 'ता' नहीं रहेगा, लोग निश्चित ही जूता हाथ में ले बढ़ेंगे और प्रजातन्त्र की प्रगति में अपना योग देंगे।

अंडेवती मुर्गी

सप्ताह में, पन्द्रह दिनों में एक बार ऐसा होता था और उस सप्ताह भी ऐसा हुआ कि गाँव में इधर-उधर घूमते किसानों और शान्ति व सन्तोष की प्रतीक चिलम पीने वाले गृहस्थों को ख़बर मिली कि एक सज्जन जो नगर से आए हैं, जानकार और अनुभवी हैं, त्यागी और आदर्शवादी हैं, कर्मठ और नेता हैं, वे आज गाँव की चौपाल पर भाषण देंगे जिसमें चर्चा इस बात पर होगी कि गाँव के ग़रीब किसान अपनी आमदनी किस तरह बढ़ाएँ। सबसे निवेदन था कि वहाँ आएँ और भाषण सुनें।

गाँव के किसान अपनी आमदनी किस प्रकार से बढ़ाएँ, यह प्रश्न सबके सामने था जो सदियों से सुलझा नहीं था, सो सहज जिज्ञासा के लोभी पाश में बँधे किसान भाई गाँव की चौपाल पर दीया-बत्ती के बाद आ इकट्ठे हुए।

भाषण देने वाले ने कहा, "प्यारे भाइयो, आप यदि अपना घर बढ़ाना चाहते हैं तो नए-नए कुटीर धंधों को फुरसत के वक़्त अपनाएँ

और बाज़ार में बेचकर पैसा लाएँ। ख़ाली नहीं रहें। जैसे अगर आप मुर्ग़ी ही पाल लें तो उसमें शुरू का ख़र्च बड़ा ही कम है, वह दाने चुग कर अपना निर्वाह भी कर लेगी और रोज़ जो उससे अंडे प्राप्त होंगे, उन्हें बेच आप पैसे कमा सकते हैं।"

यह बात भीमा के दिमाग़ में गई और उसने यह तय किया कि वह अगली हाट ही जावेगा और मुर्ग़े-मुर्ग़ी ख़रीद करके यह धंधा शुरू कर देगा।

उसने पत्नी से कहा कि कुछ दिन बाद मुर्ग़ी बेचकर बकरियाँ ख़रीद लेंगे, फिर बकरियाँ बेच गाएँ ख़रीदेंगे, फिर गाएँ बेच घोड़े ख़रीदेंगे, फिर घोड़े बेच हाथी ख़रीदेंगे और हाथियों पर बैठकर सिंहस्थ चलेंगे।

भीमा की पत्नी ने ताना देते हुए कहा, "तुमसे कुछ नहीं होगा।"

भीमा ने डाँटा, "शेखचिल्ली जैसी बात मत कर! देखती जा, क्या-क्या होता है!"

अगली हाट भीमा मुर्ग़ा-मुर्ग़ी ख़रीदने गया और चार समझदार और एक बेवकूफ़ से भी सलाह कर एक अच्छा मुर्ग़ा और एक अंडेवती मुर्ग़ी ख़रीदी और घर की ओर लौटा—यह सोचते-सोचते कि यह कार्य सहकारिता से चलाए अथवा व्यक्तिगत? अंडे शहर तक कैसे रोज़ पहुँचाए? कहीं मुर्ग़ी रखने से धर्म तो नहीं बदलता, आदि-आदि!

ग्यारह बज रहे थे। तहसीलदार साहब दफ़्तर जाने के लिए घर के दरवाज़े पर चपरासी के इन्तज़ार में खड़े थे, जो पान लेने गया था।

भीमा के हाथ में मुर्ग़ी देख वे बोले, "वाह भाई, क्या चीज लाए हो, ज़रा बताना!"

भीमा ने मुर्ग़ी बताई, उसके गुण गाए।

तहसीलदार साहब ने कहा, "यह तो हम लेंगे, तुम्हारी यादगीरी रहेगी।"

भीमा तहसीलदार की बात को कैसे काट पाता, ऊपर से मुस्कुराता मन में उदास आगे बढ़ गया–अकेला मुर्ग़ा हाथ में लेकर।

जिले के सुपरण साब एक डकैती की शिनाख़्त करने और यह सिद्ध करने कि गाँव वालों का भी डाकुओं से मेल है, डेरा डाले पड़े थे और पिटाई करके सच्चाई कबूलवा रहे थे। यह मुर्ग़ा भीमा के हाथ में देख बोले–"इधर लाना रे, क्या नाम है तेरा?"

भीमा हाथ जोड़ता पास पहुँचा।

वे बोले, "मुर्ग़ा तो अच्छा है! लगता है, तू ज़रूर इस डाके के बारे में कुछ जानता होगा।"

भीमा गिड़गिड़ाया, "नहीं, हज़ूर, मैं कुछ नहीं जानता।"

"तो भाग जा, चल।" सुपरण साहब चिल्लाए और मुर्ग़ा पकाने के लिए हवलदार को दे दिया।

भीमा ख़ाली हाथ बढ़ गया।

तीन आदर्श भूलें

एक वृद्ध दार्शनिक के तीन पुत्र थे। तीनों बड़े शैतान, बड़े चंचल, बड़े मस्त। दार्शनिक की गम्भीरता उन्हें निकट से छूकर भी नहीं निकली थी।

दार्शनिक को यह देखकर बड़ा दुःख होता कि उसके बेटे बुरी बातों में रुचि लेते हैं, बुरी बातें मुँह से करते हैं।

उसने एक दिन तीनों को बुलाया। कहा, "तुम लोग इतने चंचल हो, जैसे बन्दर होते हैं। पर कितना अच्छा होता यदि तुम तीनों आदर्श बन्दरों की तरह होते और आदर्श बन जाते!"

तीनों बेटों को कुछ समझ में नहीं आया। उन्हें कभी समझ में आता ही नहीं था। पर जिज्ञासावश सबसे छोटे बेटे ने पूछा, "यह तीन आदर्श बन्दर कौन से हैं? हमें भी बताइए।"

पिता ने वही तीन आदर्श बन्दर बताए जिनमें एक ने बुराई न देखने के लिए आँखें बन्द कर रखी हैं, दूसरे ने बुराई न सुनने के लिए कान बन्द कर रखे हैं, तीसरे ने मुँह बन्द कर रखा है कि वह किसी

की बुराई न करे। पिता ने बताया, "इन बन्दरों की तरह यदि तुम रहो तो कितना अच्छा हो! मेरी आत्मा प्रसन्न रहे।"

तीनों बेटे सिर झुकाए रवाना हो गए। बड़ी देर तक कोई किसी से कुछ नहीं बोला। नदी किनारे बैठ काफ़ी देर वे लहरों में पत्थर फेंकते रहे, फिर छोटे बेटे ने कहा, "अब मेरी इच्छा है कि पिताजी की आज्ञा मानूँ और जीवनभर मुँह से कोई विचार प्रकट नहीं करूँ। चाहे सच हो पर बुराई नहीं करूँ।"

दूसरे बेटे ने कहा, "मैं भी कान से किसी की बात नहीं सुनूँगा।"

तीसरे ने अपनी आँखें उपयोग नहीं करने का तय किया।

तीनों आदर्श बन्दर-से होने का तय करके नदी किनारे से उठे और पिताजी के पास ख़बर कहलवा दी कि उनके बेटे तीन आदर्श बन्दरों की तरह रहने का निश्चय करके नौकरी की खोज में रवाना हो गए हैं।

तीनों भाई चलते-चलते एक चौराहे पर पहुँचे। वहाँ पुनः अपनी प्रतिज्ञा को दुहराकर तीनों तीन रास्ते रवाना हो गए।

दार्शनिक पिता ने बड़े समय तक अपने बेटों की प्रतीक्षा की पर वे नहीं आए। वह दुखी रहने लगा। पुस्तकों में उसका दिल नहीं लग पाया। एक दिन क्रोध में आकर उसने तीनों बन्दरों की मूर्ति हटा दी। इन्हीं के कारण उसके बेटों से वह बिछुड़ गया था।

फिर वह सोचने लगा कि अपने पिता के वचनों को इतनी निष्ठा से माननेवाले मेरे बेटे इतने बुरे नहीं थे, जितना कि उनका प्रचार था। यह दोष समाज का है। तब वह दार्शनिक पिता सबकी बुराई करने लगा। सबमें दोष देखने लगा। सबकी बुराइयों पर रुचि से कान देने लगा। उसने अपने एकान्त जीवन को त्याग करके इधर-उधर बुराई-भलाई में लगना शुरू किया। कुछ दिन तक तो लोगों ने उसकी बातों

का सम्मान किया और बाद में सभी दार्शनिक की बुराई करने लगे।

दार्शनिक ने अनुभव किया कि इन दिनों उसका मनुष्य और समाज के सम्बन्ध में ज्ञान बढ़ रहा है। मेरे बेटों को भी ऐसा ज्ञान था। वे बुरे नहीं थे।

कुछ सालों बाद तीनों आदर्श बेटे घर आए। उनके रूप-नक्श में फर्क आ गया था। वे पहचान में नहीं आते थे। पिता की आँखों में आँसू आ गए। पिता ने पूछा, "तुम लोग आजकल क्या कर रहे हो? कहाँ हो?"

सबसे बड़े बेटे ने कहा, "मैंने अपनी आँखों से कोई बुराई न देखने की प्रतिज्ञा की थी, मैं उसका पालन कर रहा हूँ। मैं सरकारी प्रचारक हो गया हूँ। आँख से कुछ नहीं देखता। सिर्फ़ जो कान से आज्ञा सुनता हूँ, मुँह से प्रचार करता हूँ।"

दूसरे बेटे ने कहा, "मैं नेता हो गया हूँ। कान से किसी की प्रार्थना या बुराई नहीं सुनता। देश में घूमता हूँ और मुँह से बोलता रहता हूँ।"

तीसरे छोटे बेटे ने कहा, "तुम दोनों तो फिर भी ठीक हो। मैं मुँह से कुछ बुराई नहीं बोलने का निर्णय कर गया था। मैं अब सरकारी विभाग में क्लर्क हूँ। बुराई कानों से सुनता हूँ, आँखों से देखता हूँ, पर मुँह से कुछ नहीं बोलता।"

ताश का प्रजातन्त्र

साँझ के ठंडे झोंके क्लब की दीवार से सिर फोड़ रहे थे। सूरज डूबूँ-डूबूँ करता वास्तव में ही डूब चुका था। सितारे अभी अपनी साँवली चादर से सोकर नहीं उठे थे।

ख़ैर, प्रकृति के इन हालों से बेपरवाह होकर चारों बादशाह क्लब की टेबल पर वही पी रहे थे जिसे पीने से गरीबों का नैतिक पतन होता है। जाने कितने उतर चुकी थी!

चिड़ी के बादशाह ने, जो ऐसे समय कुछ नीम दार्शनिक और नीम इतिहासज्ञ हो जाता है, लाल पान के गबरू बादशाह से कहा, ''डेमोक्रेसी, हाय डेमोक्रेसी! तू मृत्यु है–साक्षात् मृत्यु!''

हुकुम के बादशाह ने जो सिवाय राजनीतिज्ञ के कुछ नहीं था, इस पर गम्भीरता से कहा, ''नहीं, समस्या को दूसरे कोण से देखो तो यही प्रजातन्त्र अधिकांश के लिए फायदेमंद साबित हुआ है। जन-समाज कुछ ऐयाश हो रहा है।''

ईंट के बादशाह ने जो इन दिनों एक भट्‌ठा शुरू करने की सोच रहा था, बोला, ''ख़ैर मनाओ, यहाँ गृहयुद्ध नहीं हुआ,

नहीं तो एक बादशाह भी जीवित नहीं रहता। सब क़त्ल हो जाते।"

"बादशाह यानी बादशाही। बादशाही मर गई यानी बादशाह मर गया।" चिड़ी शहंशाह ने कहा, "और फिर हम चारों ताश के बादशाह जिनके पास कोई जमीन और मुल्क नहीं था, उनकी भी बेइज़्ज़ती हुई। हम बिना मुआवज़े के अपने सम्मान से जा रहे हैं। ओह, डेमोक्रेसी!"

"ठीक कहते हो," हुकुम ने कहा, "यह एक गम्भीर प्रश्न है! इस पर हमें होश में विचार करना चाहिए।"

लाल पान के बादशाह ने उसे कहा, "भाई काले, तुम्हीं सुझाव दो। हम तुम्हारी बात मानेंगे। तुम्हारा दिमाग़ चलता है।"

"यह बात तो मैं बिना किताबों की मदद के कह सकता हूँ कि हममें और किसी राजनीतिक दल की परिस्थिति में कोई फ़र्क़ नहीं। वह भी हमारी तरह बेज़मीन का बादशाह होता है।"

"ठीक है।" ईंट का बादशाह बोला।

इस पर दार्शनिक चिड़ी के बादशाह ने कहा, "यानी हम प्रजातान्त्रिक जागृति से पूर्व के प्रजातन्त्रवादी हैं। सबसे पहले प्रजातन्त्र ताश में आया और वहीं से यह विचारधारा मनुष्य संसार में फैली।"

"तुम्हारी बात में ऐतिहासिक सत्य है।"

"यह वक्तव्य अख़बार में छपना चाहिए।"

काले पान के बादशाह ने अपनी आदतन कूटनीतिज्ञ मुस्कुराहट से कहा, "यानी हम चारों प्रजातन्त्र सँभाल सकते हैं। उनके रहनुमा बन सकते हैं। ताश के पत्तों की मेंबरशिप से हमारी पार्टी बन सकती है। चार पार्टियाँ!"

"वाह, वाह! आइडिया! ...पर राज करनेवाली पार्टी कौन-सी

होगी? हम चारों में से किसकी चलेगी?''

''डेमोक्रेसी! यह डेमोक्रेसी है। जिसकी 'ट्रंप' आ जावेगी, उसका राज होगा। बाक़ी तीनों विरोधी दल के नेता रहेंगे।''

''मंज़ूर! अच्छा हो, आज ही हम अपने ये पुराने राजा छाप कपड़े उतार नेता हो जावें।''

चारों बादशाहों ने अपने पुराने मुकुटों को निकाल फेंका और नेता रूप होकर कॉफ़ी पीने लगे। पत्तों की मीटिंग की तारीख़ तय की।

''अब जोकर का क्या होगा? उसका इस प्रजातान्त्रिक ढाँचे में क्या स्थान है?''

''वह कैपिटलिस्ट है सो वह जिसके साथ है, उसकी फ़तह होगी ही।''

चारों पुराने ताश के बादशाह क्लब से बाहर आए। चारों प्रसन्न थे। अपनी अलग पार्टी बनाने के चक्कर में!

एक संवाददाता ने उनसे पूछा, ''आप किस विषय पर चर्चा कर रहे थे?''

हुकुम के बादशाह ने अपनी कूटनीतिज्ञ मुस्कुराहट से उत्तर दिया, ''हम लोगों ने निःशस्त्रीकरण के सम्बन्ध में चर्चा की।''

नेक बादशाह की पहचान

एक था ताई। वह ख़ुद को बड़ा हातिम समझता था, इसलिए लोग उसे कहते थे हातिमताई।

वह केवल तबीयत का बादशाह नहीं था, वाकई बादशाह था। जो तबीयत में आए, कर सकता था। वह अमर होना चाहता था, मशहूर होना चाहता था, मशहूर शादी पर टिके रहना चाहता था। इसके लिए उसने कई काम किए, जैसे पंचवर्षीय योजनाएँ बनाईं, उन्हें कई सालों में पूरा किया। बाँध खड़े किए। वे टूटे तो उन्हें फिर से बनाया। कॉलेज खोले और जब वहाँ हड़तालें हुईं तो उन्हें दबाया। बेकारों को काम दिया और जब काम ख़त्म होने पर वे लोग फिर बेकार हो गए, तो फिर सोचने लगा कि अब इन्हें क्या काम दूँ। ग़रज़ यह कि वह नेक बादशाह था और नेक हरकतें करता रहता था।

एक दिन उसने किसी फ़कीर से पूछा, "नेक बादशाह की पहचान क्या है?"

फ़कीर ने बताया, "जो बादशाह ख़ुद खाने से पहले यह पता लगा ले कि शहर में कोई भूखा तो नहीं है और जो भूखा हो, उसे खिलाकर खाए, वह नेक बादशाह है।"

हातिम ने कहा, "यह कोई मुश्किल बात नहीं है। हम भी खाना खाने के पहले पूछ लिया करेंगे कि कोई भूखा तो नहीं है!"

दूसरे दिन जब लंच की थाली सामने आई तो अमलों से हातिम ने कहा, "जाओ, शहर में पूछकर आओ कि कोई भूखा तो नहीं है!"

लोग गए। अफ़सरों ने मुनादी की, 'शहर में कोई भी भूखा तो नहीं है?'

भूखे तो थे, भूखे तो हमेशा होते हैं। वे आए और बादशाह ने उनसे कहा, "पहले तुम खा लो, फिर मैं खाऊँगा।"

इस सबसे फ्री होने के बाद बादशाह लंच की थाली खाने बैठा, तब तक डिनर का टाइम हो चुका था। लंच करने के फ़ौरन बाद जब डिनर उसके सामने आया, तो उसने फिर लोगों से कहा कि जाओ पता लगाओ, शहर में कोई भूखा तो नहीं है।

पता लगाने में रात बीत गई। बादशाह ने डिनर सुबह लंच के वक़्त खाया।

इसी तरह चलने लगा रूटीन। बादशाह डिनर के वक़्त लंच खाता, लंच के वक़्त डिनर खाता, ग़रज़ यह कि वह दोनों वक़्त खाता। सुबह का खाना शाम। शाम का खाना सुबह! भूखों की तलाश जारी रहती। वे भी आते और खाते रहते।

इस तरह कई साल बीत गए। एक दिन बादशाह से नौकर ने कहा, "हुज़ूर, रोज लंच ठंडा हो जाता है, डिनर बासी हो जाता है, आपकी सेहत फोकट में ख़राब हो रही है। अगर इजाज़त दें, तो हम रात को ताजा लंच बनवा दें और लंच के वक़्त डिनर तैयार कर दें। भूखों का पेट भरता रहेगा, आप भी अच्छा खाते रहेंगे।"

बादशाह ने कैबिनेट से पूछा। कैबिनेट ने कहा, "बिलकुल ठीक है।"

बादशाह ने भूखों से पूछा। भूखों ने कहा, "हमें क्या, आप जब चाहे खाओ। जैसा चाहो खाओ।"

अब हातिमताई दोनों वक़्त गरमागरम खाने लगा। भाषा की दृष्टि से लंच को डिनर या डिनर को लंच कहने से ग़लतफ़हमी होती थी। मेहमान कन्फ़्यूज हो जाते थे। लंच पर बुलाओ, तो दोपहर को चले आते थे। डिनर पर बुलाओ, तो मूर्ख रात को आते थे। जन-साधारण की सुविधा का ध्यान रख लंच को फिर से लंच और डिनर को फिर से डिनर कहा जाने लगा। बादशाह दोनों वक़्त खाने लगा।

इसी तरह तैंतीस साल बीत गए।

एक दिन एक आई.ए.एस. अफ़सर ने हातिमताई से कहा, "सर, यह रोज़ भूखों को बुलाकर पूछने का काम आपने क्योंकर अपने ऊपर ले रखा है। यह काम हम कर देंगे। आपके पास बहुत मामले हैं। अन्तर्राष्ट्रीय सम्मेलनों के उद्‌घाटन करने हैं, वकीलों की कॉन्फ्रेंस में बोलना है, असम की समस्या है, गुजरात का झगड़ा है, छठी योजना है। आप इन छोटी-मोटी बातों में वक़्त ख़राब करेंगे, तो कैसे चलेगा? दूसरे, यह तसदीक किए बिना कि कोई शख़्स वाकई भूखा है, उसे सरकारी रोटी कैसे दी जा सकती है?"

हातिमताई ने कैबिनेट की राय माँगी।

कैबिनेट ने कहा, "ठीक है, होना तो यही चाहिए जैसा आई.ए.एस. अफ़सर कह रहे हैं। वे ग़लत तो कभी कहते ही नहीं।"

भूखों का डिपार्टमेंट आई.ए.एस. अफ़सर को सौंप दिया गया। अफ़सर ने एक नियम बनाया। जो भूखा हो, वह लिखित आवेदन

करे। साथ में भूखे होने का प्रमाणपत्र लाए। सरकार विचार करेगी। उचित केस को पूरी खुराक दी जाएगी।

भूखे, भूखों मरने लगे। कुछ बिना एप्लीकेशन के मरे, कुछ एप्लीकेशन देने की कोशिश में मरे, कुछ एप्लीकेशन देकर मरे। बाक़ी सब जवाब के इन्तज़ार में मरे।

बड़े दिनों के बाद वही फ़कीर बादशाह हातिमताई के पास आया, जिसने सलाह दी थी कि भूखों को खिलाकर खाया कर। और बोला, "मैं भूखा हूँ हातिम, कुछ खिला।"

हातिम ने लंच खाते हुए कहा, "ऐ दरवेश, मैं मजबूर हूँ। अब क़ानून बन चुके हैं और मामला आई.ए.एस. अफ़सर के हाथ में है। तुम्हें नियमानुसार अप्लाई करना पड़ेगा।"

इतना कहकर हातिम उठा और आज़ादी की तैंतीसवीं वर्षगाँठ के आयोजन में भाषण देने चला गया।

नेक बादशाह की एक पहचान यह भी थी।

छोटी-छोटी कहानियाँ

एक अस्वीकृति

अर्जुन ने समस्त युद्धभूमि की ओर दृष्टिपात करते हुए कृष्ण से कहा, ''नहीं, मैं शस्त्र नहीं उठाऊँगा। चाचा, भाई, भतीजों की तो कोई बात नहीं, इनसे तो निपट सकता हूँ, पर देख नहीं रहे हो, सामने मेरे बॉस भी खड़े हैं। मैं ऐसे धर्मयुद्ध से बाज आया।''

अपने में अजनबी

पांडव जब अन्त समय में हिमालय गलने के लिए गए तो एक कुत्ता भी साथ हो लिया।

"तुम किसके कुत्ते हो और हमारे पीछे-पीछे क्यों आते हो?" पांडवों ने उससे पूछा।

"अकेला हूँ। किसी का नहीं हूँ। एक महाभारत हम कुत्तों में भी हुई थी। मैं ही शेष बचा हूँ, सो हिमालय पर गलने जा रहा हूँ।"

"तुम्हारे साथ तुम्हारी कुतिया नहीं आई?" द्रौपदी ने पूछा।

"उसी के पीछे तो सारा झगड़ा हुआ था। अब उसे साथ लाकर क्या एक और महाभारत करवाऊँ?"

जीवन की इच्छा

भीष्म पितामह के कक्ष से डॉक्टर जब बाहर निकला तो खाँसते, लकड़ी टेकते, कौरव-पांडवों ने उसे घेर लिया।

"पितामह की कैसी तबीयत है?" सबने पूछा।

"वही पुरानी शिकायत।" डॉक्टर ने जवाब दिया, "कमर में दर्द रहता है, कमज़ोरी अनुभव करते हैं। कहते थे, यार डॉक्टर, कोई ऐसी चीज़ दो जिससे ज़रा ज़िन्दगी का मज़ा आए। अभी तो बहुत दिनों जीना है। कुछ ऐश ही कर लें।"

द्रौपदी की साड़ी

द्रौपदी का चीर-हरण हो रहा था। पाँचों पांडव मुँह झुकाए बैठे थे। द्रौपदी ने श्रीकृष्ण को गुहार लगाई और उसके बदन से लगातार साड़ियाँ निकलने लगीं।

सिर झुकाए पांडवों में से एक ने दूसरे से कहा, ''देखा, कितनी साड़ियाँ हैं इसके पास!''

दूसरे ने जवाब दिया, ''भइया, सबसे अलग-अलग जो लेती है। इसलिए तो इतनी इकट्ठा हो गई हैं।''

बदलते मूल्य

रोजगार दफ़्तर में अधिकारी ने भीम से पूछा, "क्या काम जानते हो?"

"गदा अच्छी घुमा लेता हूँ।" भीम बोला।

"कोई दूसरा काम?"

भीम कुछ देर सोचते रहे, फिर बोले, "भोजन बना लेता हूँ।"

"तो ऐसा बोलो न, गदा चलाना कोई काम होता है!" अधिकारी ने नोट करते हुए कहा।

कर्तव्यबोध

दोपहर के ढाई बज रहे थे।

अभिमन्यु ने धीरे से घर का दरवाज़ा खटखटाया। उत्तरा ने दरवाज़ा खोला।

"हाय, तुम इस वक़्त कैसे? तुम्हें तो अभी चक्रव्यूह में फँसा होना चाहिए था।" उत्तरा ने उसे देख आश्चर्य से कहा।

अभिमन्यु ने आँख मारी और धीरे से कहा—"तड़ी मारकर आया हूँ।"

परम्परा की रक्षा

पार्टी दफ़्तर में हनुमान, अंगद, सुग्रीव, जामवन्त आदि सारे विधायकों के लिए राम अपनी पार्टी की सूची बना रहे थे। सभी तरह से हिसाब लगाकर देखा, पार्टी बहुमत में नहीं आती थी। राम ने लम्बी साँस ली और कहा, "विभीषण होता तो ऐसे वक़्त पर 'डिफेक्ट' करके आ जाता।"

रिश्तों की स्मृति

सुदामा की बग़ल से कृष्ण ने चावल की पोटली छीनी और उसे खोलकर देखा। फिर दाँत पीसते हुए बोले, "बेटा, धरवा दूँ चावल स्मगलिंग के केस में!"

सुदामा हाथ जोड़ने लगा।

कृष्ण ने वापस पोटली उसकी ओर फेंकते हुए कहा, "चलो, जाने दो! पार्टी के पुराने कार्यकर्ता हो, इसलिए कुछ नहीं कह रहा।"

टूटते परिवार

राम और लक्ष्मण वन को जाने लगे तो पिता दशरथ रोने लगे।

लक्ष्मण से यह देखा नहीं गया। उसने माता कौशल्या से कहा, "पिताजी बिज़नेस तो समझते नहीं। इस बार जंगल कटाई का टेंडर हमारे नाम खुला है। ख़ुद हम निगरानी नहीं रखेंगे, मौके पर हाज़िर नहीं रहेंगे तो आधा जंगल कट जाएगा। नुकसान किसका होगा?"

प्रगति के चरण

राजा भरत ने अपने राज्य की प्रगति की सालाना रिपोर्ट पढ़ते हुए कहा, "जैसाकि हमारा लक्ष्य था कि इस देश में दूध और दही की नदियाँ बहने लगें, वह चालू वर्ष में पूरा हो गया और आपने देखा होगा कि देश में दूध और दही की नदियाँ बह रही थीं। पर इसी बीच देश को एक भारी विपत्ति का सामना करना पड़ा कि दूध और दही की ये नदियाँ किसी टेक्निकल ग़लती के परिणामस्वरूप आगे जाकर परस्पर मिल गईं। नतीज़ा यह हुआ कि दही में मिलने से दूध की नदी भी जम गई और फट जाने के कारण दूध पीने लायक़ नहीं रहा। अब हमारे सामने समस्या है कि इस सड़े दही को, जिसकी दुर्गन्ध के कारण जनता को बड़ा कष्ट हो रहा है, किस प्रकार साफ़ करवाया जाए। हमने इस कार्य के लिए विदेश से मदद माँगी है...।"

एक तालाब था...

एक कॉलेज के पास एक तालाब था। दिनभर कॉलेज में लड़कों का शोर होता था। रातभर तालाब में मेढकों की टर्र-टर्र होती थी। एक दिन मेढक ने सोचा—चलो, कॉलेज जाकर देखा जाए कि वहाँ क्या होता है। लड़कों ने मेढक को देखा तो किसी ने उसे उछाला, किसी ने उसकी टाँग खींची यानी जितनी दुर्गति कर सकते थे, की! शाम को थका-हारा, लहूलुहान मेढक तालाब लौटा। मेढकी ने उसकी यह दशा देखी तो उससे पूछा, "लड़कों ने तुम्हारी ऐसी हालत क्यों कर दी? क्या तुम उस कॉलेज के प्रिंसिपल हो गए थे?"

पहली और पूनम

एक कवि थे। सोलह आने कवि! सिवाय कवि के कुछ भी नहीं। ऐसे कवि जिनकी आँखें सितारे देख नाचें, जो चाँद देखकर अनदेखी प्रेयसी की कल्पना करने लग जाएँ, नदी की लहरों में जिनका मन डूबने लगे, सावनी घटाओं में जो अज्ञेय कारणों से रुआँसे हो जाएँ।

इनका मित्र था एक क्लर्क। सिवाय क्लर्क के कुछ भी नहीं, जो दफ़्तर की टेबल, राहबार, घर और बिस्तर तक भी क्लर्क बनकर ही रहता था।

एक पूनमवाली रात की बात है। स्नो लगाए सुन्दरी की तरह लाजवाब चाँद आसमान में ऊपर टिका हुआ था। कवि का मन कथकली करने लगा। वह क्लर्क के पास गया। दरवाज़ा खटखटाकर उसे बाहर निकाला, "अरे बन्धू, घर में घुसकर क्या बैठे हो? ज़रा बाहर आओ–देखो, क्या ही प्यारा चाँद है! ऐसी स्नेहिल पूनम में घर में घुसकर रहना पाप है।"

क्लर्क ने चश्मा ठीक करते हुए चाँद की ओर देखा। बोला, "ठीक है, पर भाई, इस आनन्द में तुम्हारे साथ मैं बँटवारा नहीं कर सकूँगा। तुम जाओ, जहाँ जी आए, घूमो।"

कवि अर्द्धनाराज़, अर्द्धप्रसन्न अवस्था में होंठों पर कविता नचाते, छड़ी हिलाते आगे बढ़ गए।

दिन बीत गए, रातें बीत गईं। काफ़ी दिनों बाद फिर पूनम आई। चाँद नहा-धोकर, साफ़ कपड़े पहनकर नीले आकाश में खड़ा होकर फिर चाँदी के इशारे करने लगा। कवि का अँधियारी रात से चोट खाया हृदय फिर से चेतन हुआ और मणिपुरी ठुमके लेने लगा।

कवि फिर घूमने निकला और अपने मित्र क्लर्क के घर गया और उससे बोला, "यह चटक चाँदनी देख रहे हो, क्या तुम्हारी इच्छा इसमें सैर करने की नहीं होती?"

कवि के इस भावुक आग्रह का उत्तर क्लर्क ने फिर उदास अस्वीकृति से दिया। वह बोला–"भाई, तुम जाओ। मुझे कुछ फ़ाइलें पूरी करनी हैं। अगर घूमता रहा तो यह चाँदनी साहब की मेज़ पर भारी पड़ेगी। तुम जाओ, घूमो।"

कवि फिर आश्चर्य में डूब गया और अपने चमकीले रास्ते पर रवाना हो गया। वैसे ही गुनगुनाता, कविता चूसता, चबाता।

कुछ दिन और बीते। एक दिन कवि अपने घर में बैठा था। बाहर के नीम के पास चाँद अपनी अपेक्षाकृत अधिक विकसित अवस्था में खड़ा था। उसकी एक किरण कवि के तकिए तक आ ही रही थी। कवि इससे बेख़बर हो कुछ छन्दों की सृष्टि में उलझा था।

एकाएक क्लर्क आया। बोला, "क्या बन्धू, क्या घर में घुसे हुए हो? बाहर पूरा चाँद किरणों का बोनस बाँट रहा है, तुम अन्दर हो! यह क्या घर घुसना, बाहर चलो, घूमें।"

कवि ने चाँद को देखा, क्लर्क को देखा और कहा, "आज पूरा

चाँद नहीं है, फिर भी मैं तुम्हारा प्रस्ताव मानता हूँ। पर मेरे क्लर्कराज, आज तुम्हें चाँद का नशा कैसे चढ़ा? आज की रात कैसे पूनम हो गई? क्या तुम क्लर्क नहीं, कवि हो गए?"

क्लर्क ने कहा, "आज पहली तारीख़ है। पहली तारीख़ की रात पूनम की रात होती है। उस दिन हर क्लर्क कवि हो जाता है। टाइपिस्टें खिल जाती हैं। आज का चाँद पहली तारीख़ का चाँद है, अतः सबसे प्यारा चाँद है।"

बड़ा सम्मान आपका

आपका बड़ा सम्मान है।

बस्तियों से जब आप गुज़रते हैं, दुकानदार काम छोड़ बाहर आ जाते हैं। हाथ जोड़े खड़े हो जाते हैं। आप उनकी ओर मुस्कुराते हैं तो वे अपना अहोभाग्य मानते हैं। जब आप चन्दा माँगते हैं, उनकी इच्छा होती है, सारा गल्ला इन्हें सौंप दें।

बड़ा सम्मान है आपका।

खादी ग्रामोद्योग की दुकान में जब आप घुसते हैं, व्यवस्थापक गद्‌गद हो जाता है। आप खादी के सच्चे पारखी हैं और महीन वस्त्र का मोल समझते हैं। अच्छी खादी खरीदकर पहनना आप राष्ट्रीय धर्म मानते हैं। आपकी उपस्थिति से वातावरण में नए चाँद जुड़ जाते हैं।

बड़ा सम्मान है आपका।

विधानसभा में जब आप जाते हैं, लाबी में आपकी प्रशंसा प्रारम्भ हो जाती है। आपके हर वाक्य पर ताली बजाकर सदस्यगण इस तथ्य का परिचय देते हैं कि वे सो नहीं रहे हैं बल्कि देश की हर छोटी से छोटी समस्या के प्रति सजग हैं। विधानसभा की हर गतिविधि के मूल में आपका संकेत रहता है।

बड़ा सम्मान है आपका।

आपकी काली कार जब गलियाँ चीरती कटीली जान के कोठे के नीचे खड़ी होती है तब अनेक खिड़कियों से अनेक आँखें आपकी ओर आदर से देखती हैं। सारंगिये बड़ा मधुर बजाते हैं, तबला पूरे जोश में खड़कता है और सच मानिए तब कटीली जान की नसों में बिजली की गति आ जाती है, पैरों की थिरकन बढ़ जाती है और गले में कोयल बैठ जाती है। आपका आगमन उसके कोठे को पवित्र कर देता है।

बड़ा सम्मान है आपका।

चलो चलें दूर कहीं

जो यह सड़क जाती है ना, उसके छोर पर एक झरना है। उसकी मीठी आवाज़ संगीत की लहर सी लगती है। घंटों वहाँ बैठे रहने को जी करता है। चलो रानी, आज रविवार है, कहीं चलें।

झरने के पास बैठ सुख की जो अनुभूति होगी, उसकी तुलना में सरकारी जिप का जो पेट्रोल ख़र्च होगा, वह नगण्य है।

इस दूसरी सड़क के छोर पर गुफ़ाएँ हैं जिनमें मानवाकार सुन्दर मूर्तियाँ हैं। जो जाता है, अपने को भूल जाता है वहाँ। आओ रानी, वहाँ चलें और इन गुफ़ाओं की छाया में बैठें।

गुफ़ाओं में जा, जो आत्मिक शान्ति का अनुभव होगा, उसकी तुलना में सरकारी जिप का जो पेट्रोल ख़र्च होगा, वह नगण्य है।

इस तीसरी सड़क के छोर पर एक शिव का विशाल मन्दिर है। प्रलयंकर शंकर की प्रतिमा के दर्शन कर आँखों को, मन को चरम तृप्ति मिलती है। चलो रानी, वहीं चलें, शिव के दर्शन करने।

शिव के दर्शन कर जिस पुण्य की उपलब्धि होगी रानी, उसकी तुलना में सरकारी जिप का जो पेट्रोल ख़र्च होगा, वह नगण्य है।

चलो सखी, सुप्रीम कोर्ट चलें

"हाय! यह कैसा बसन्त आया! अभी तक हमारे प्राइवेट उद्यान में कोयल नहीं बोली, समयानुसार आवश्यक पुष्प नहीं खिले। लगता है, विधना हमसे पक्षपात कर रहे हैं। मौसम भी पूरी तरह नहीं बदला, शीतल हवाएँ चल रही हैं, सूरज बादलों में छिप गया है। अरी सखी, अब तू ही बता, ऐसे में मैं क्या करूँ?"

"चलो सखी, सुप्रीम कोर्ट चलें। जिनकी कहीं शरण नहीं है, उनकी वहीं शरण है।"

"मैं पनिया भरने आई थी तभी उस ढीठ कान्हा ने मोसे लगई कर मेरी गगरी गिरा दी। तू ही बता, इस नटखट नन्दकिशोर का मैं क्या करूँ?"

"चलो सखी, सुप्रीम कोर्ट चलें, पनिया भरना हमारा मूल अधिकार है। तुम देखो संविधान की धारा फलाँ और चलो कोर्ट से अपने झगड़े का न्याय करवा लें।"

"देखो, वह कदम्ब की डार पर बैठा मुझे फुलगेन्दवा मार रहा है। उसे लाज नहीं आती। सखी, अब तू ही बता, मैं क्या करूँ?"

"चलो सखी, सुप्रीम कोर्ट चलें। बताओ, यह भी कोई बात हुई कि उसकी बंसी मधुर बजती है और हमें मोह लेती है। देख, नागरिक स्वतन्त्रता के संविधान में दिए अधिकार, धारा फलाँ और रिट लगा दे। जब तक स्टे ऑर्डर नहीं मिलेगा, यह नटखट कान्हा अपनी फुलगेन्दवा की मार बन्द नहीं करेगा। चल सखी, सुप्रीम कोर्ट चलें।"

"हाय देखो! ये अपनी बैल जोड़ी मुझे नहीं देता।"

"चलो सखी, सुप्रीम कोर्ट।"

"देखो, इसका बछड़ा अपनी गाय का दूध पी रहा है।"

"सखी, सुप्रीम कोर्ट चल इस बात पर। इसका बछड़ा गाय का दूध क्यों पी रहा है और यह दृश्य सुहावना क्यों है? सुप्रीग कोर्ट से स्टे लाकर, बछड़े को गाय से अलग कर तभी मेरे मन को चैन मिलेगा।"

"हाय! घर का चरखा यह परायी औरत क्यों चला रही है। औरत चरखा चलाती शोभा नहीं देती, औरत राज करती शोभा नहीं देती, औरत काम करती शोभा नहीं देती। वह तो सिर्फ़ कुछ नहीं करती शोभा देती है। बता, मैं क्या करूँ?"

"चल सखी, इसी बात पर सुप्रीम कोर्ट चलें और इस औरत के ख़िलाफ़ स्टे ऑर्डर ले आएँ और औरत को चरखे से अलग करवाएँ। चरखा चलाना मर्दों का काम है।"

"हाय सखी! ये श्रीमती इन्दिरा गांधी देश भर की यात्राएँ क्यों कर रही हैं, भाषण क्यों दे रही हैं, लोग उनके भाषण को सुन क्यों रहे हैं, उनके समर्थन में नारे क्यों लगा रहे हैं? हाय! यह तो बुरा है। बता, हम क्या करें?"

"सखी, मैंने हज़ार बार कहा कि सुप्रीम कोर्ट चल। वहीं हमें शरण मिलेगी और यह नित-प्रति की छेड़छाड़ समाप्त होगी। सुप्रीम कोर्ट दूर नहीं। वह तो घर-आँगन है, बाबुल का घर है।"

"हाय सखी, हमें चुनाव में वोट नहीं मिल रहे, हम हार रही हैं। तू ही बता, क्या करें?"

"सुप्रीम कोर्ट चल, इस चुनाव को ही रद्द घोषित करवा दें। चल, जल्दी चल।"

"चल सखी।"

दो इमारतें

गाँव के चार व्यक्तियों ने मिल-बैठकर चर्चा की कि अपने यहाँ एक शाला-भवन और एक पंचायत-घर की बड़ी ज़रूरत है। इस कमी को दूर करना ही चाहिए।

सवाल था कि रुपये कहाँ से लावें? सो वे गाँव के सेठ साहब के पास गए और कहा कि यदि रुपयों की मदद करो तो दोनों इमारतें आसानी से बन सकती हैं। सेठ साहब बड़ी चिन्ता में पड़ गए। इनकार करें तो इज़्ज़त से जाएँ और मंज़ूर करें तो रुपये से जाएँ।

पहले तो उसने टालमटूली की और बाद में बोला, "अच्छा, देखो, पंचायत-घर तुम बनवा दो, स्कूल मैं बनवा देता हूँ।"

लोगों ने बात मान ली और सेठ की अकल और कंजूसी की प्रशंसा करते हुए रवाना हो गए।

बहुत दिन हो गए। सब लोगों ने रुपया बटोरकर, ख़ुद मेहनत कर जो पंचायत-घर बनाया था, सो तो खड़ा कर दिया। सेठजी ने

अभी शाला-भवन का कुछ भी नहीं किया था। गाँववाले उसके पास जाते तो वह आँसू बहाता कि बाज़ार में मन्दी आ गई है, या क्रोध करता कि लोग उसका कर्ज़ नहीं लौटते और बिना पैसे वह काम किस प्रकार शुरू कर सकता है?

कुछ दिनों बाद जब सेठ ने देखा कि अब बदनामी शुरू होगी तो उसने नींव खुदवाकर रख दी। जिस दिन नींव खुदी, वह अपनी दुकान के ओटले पर बैठा कहने लगा, "देखो, इसको कहते हैं काम, तुरन्त नींव खोदकर रख दी।"

दूसरा व्यक्ति जब दुकान के सामने से निकला, सेठ ने कहा, "अरे, स्कूल बना ही समझो। नींव खुद गई। देखी कि नहीं देखी? क्यों देखने लगे? पंचायती काम थोड़े ही है, गाढ़ी कमाई का पैसा लगा है।"

दुकान पर एक ग्राहक आया। देखा, नींव खुद गई।

सेठ बोला, "अब क्या रहा? बाकी काम, वह भी हो जाएगा। अपना तो यही रंग है, करने पर उतरेंगे तो दो दिन में सब कर धरेंगे।"

एक भिखारी आया और हाथ पसारे।

सेठ ने कहा, "अब तुम्हें सब बाँट दूँगा, तो शाला-भवन कैसे बनेगा? वह भी तो मेरी ही छाती पर है। लुटाने बैठा हूँ क्या?"

एक व्यक्ति कर्ज माँगने आया। उसने सेठ से सुना, "भई, देने को दे देता, पर स्कूल की इमारत बनाने का ख़र्च भी सिर पर पड़ा है। वह भी पूरा करना है। सो मजबूर हूँ, फिर भी कोशिश करूँगा।"

शाम हुई तो सेठ जी चौपाल पर पहुँच गए और सबको राम-राम कर पूछने लगे, "क्या ख्याल है, इतनी गहरी नींव ठीक रहेगी? अभी बता दो, ख़र्च की परवाह नहीं है, चीज़ अच्छी बननी चाहिए। चन्दे

की इमारत में कोई कमज़ोरी हो जाए तो चल जावेगा, पर यहाँ ग़लती हुई तो मेरी बदनामी होगी।''

पंचों ने सेठ की प्रशंसा की, उन्हें प्रेम से बिठाया। इसी बीच किसी ने प्रस्ताव रखा कि गाँव की सड़क बनाने सम्बन्धी चर्चा भी सेठजी की उपस्थिति में हो जाए।

सेठजी घबराकर बोले, ''अब सड़क और कौन-सी? बस, इतना काफ़ी है। शाला-भवन बनवा लो या सड़क। दोनों मैं नहीं बनवाऊँगा।''

सब चुप हो गए।

पंचायत-घर से बाहर निकल सेठजी बड़बड़ाने लगे, ''समझते हैं, अच्छा बुद्धू मिला, स्कूल के बाद सड़क मेरे गले डाल रहे हैं। क्या समझते हैं? अभी स्कूल बन जाए तो इनके किसी के लड़के को भर्ती नहीं होने दूँगा।''

इसी क्रोध के बहाने सेठजी ने नींव का काम आगे रोक दिया। गाँववालों से बोला, ''जब मेरी सुविधा होगी, बनवाऊँगा, मुझ पर किसी का देना नहीं आता है।''

तब से गाँव के लोगों ने समझ लिया है कि सबके भले के काम एक आदमी की जेब से नहीं हो सकते। सब मदद करें तभी सफलता है। बाद में चन्दा करके शाला की इमारत बनाई गई।

उल्लू हैं वे!

एक पेड़ था जिसके नीचे एक गाड़ी खड़ी रहती थी। उस पेड़ की एक डाल पर एक उल्लू रहा करता था।

एक दिन उल्लू ने कोशिश की और दिन में आँखें खोलकर देखा। उसे पता लगा कि सामने वाले मकान से एक आदमी निकला है, उसने पेड़ के नीचे खड़ी गाड़ी स्टार्ट की और उसे ले गया। शाम को वापस वहीं रख दी और घर के अन्दर चला गया। उल्लू ने कहा, "ऐसा! तो जब मैं आँखें बन्द रखता हूँ, गाड़ी निकाल ली जाती है और मेरी आँखें खुलने से पहले रख दी जाती है।"

इस कहानी से हमें दो शिक्षाएँ मिलती हैं :

उल्लू हैं वे, जो अपनी सम्पत्ति की ठीक ढंग से देख-रेख नहीं करते और जो करते हैं, वे तो हैं ही!

पंचतन्त्र : पाँच नमूना आपातकालीन लोककथाएँ

लक्ष्य की रक्षा

एक था कछुआ, एक था ख़रगोश, जैसाकि सब जानते हैं।

ख़रगोश ने कछुए को संसद, राजनीतिक मंच और प्रेस के बयानों में चुनौती दी—अगर आगे बढ़ने का इतना ही दम है, तो हमसे पहले मंज़िल पर पहुँचकर दिखाओ।

रेस आरम्भ हुई। ख़रगोश दौड़ा, कछुआ धीरे-धीरे अपनी चाल।

जैसाकि सब जानते हैं, आगे जाकर ख़रगोश एक वृक्ष के नीचे आराम करने लगा। उसने संवाददाताओं को बताया कि वह राष्ट्र की समस्याओं पर गम्भीर चिन्तन कर रहा है क्योंकि उसे जल्दी ही लक्ष्य तक पहुँचना है। यह कहकर वह सो गया।

कछुआ लक्ष्य तक धीरे-धीरे पहुँचने लगा।

जब ख़रगोश सोकर उठा, उसने देखा कि कछुआ आगे बढ़ गया है, मेरे हारने और बदनामी के स्पष्ट आसार हैं।

खरगोश ने तुरन्त आपातकाल घोषित कर दिया।

उसने अपने बयान में कहा कि 'प्रतिगामी, पिछड़ी और कंजरवेटिव (रूढ़िवादी) ताक़तें आगे बढ़ रही हैं, जिनसे देश को बचाना बहुत ज़रूरी है।'

और लक्ष्य छूने के पूर्व कछुआ गिरफ़्तार कर जेल में डाल दिया गया।

शेर की गुफ़ा में न्याय

जंगल में शेर के उत्पात बहुत बढ़ गए थे। जीवन असुरक्षित था और बेहिसाब मौतें हो रही थीं। शेर कहीं भी, किसी पर हमला कर देता था।

इससे परेशान हो जंगल के सारे पशु इकट्ठा हो वनराज शेर से मिलने गए। शेर अपनी गुफ़ा से बाहर निकला, "कहिए, क्या बात है?"

उन सबने अपनी परेशानी बताई और शेर के अत्याचारों के विरुद्ध आवाज़ उठाई। शेर ने अपने भाषण में कहा :

"प्रशासन की नज़र में जो क़दम उठाने हमें ज़रूरी हैं, वे हम उठाएँगे। आप इन लोगों के बहकावे में न आवें, जो हमारे ख़िलाफ़ हैं। अफ़वाहों से सावधान रहें क्योंकि जानवरों की मौत के सही आँकड़े हमारी गुफ़ा में हैं जिन्हें कोई भी जानवर अन्दर देख सकता है। फिर भी अगर कोई ऐसा मामला हो तो आप मुझे बता सकते हैं या अदालत में जा सकते हैं।"

चूँकि सारे मामले शेर के ख़िलाफ़ थे और शेर से ही उसकी शिकायत करना बेमानी था इसलिए पशुओं ने निश्चय किया कि वे अदालत का दरवाज़ा खटखटाएँगे।

जानवरों के इस निर्णय की ख़बर गीदड़ों द्वारा शेर तक पहुँच गई थी।

उस रात शेर ने अदालत का शिकार किया। न्याय के आसन को पंजों से घसीट अपनी गुफ़ा में ले आया।

जंगल में इमर्जेंसी घोषित कर दी गई। शेर ने अपनी घोषणाओं में बताया--'जंगल के पशुओं की सुविधा के लिए, गीदड़ मंडली के सुझावों को ध्यान में रखकर हमने अदालत को सचिवालय से जोड़ दिया है ताकि न्याय की गति बढ़े और व्यर्थ की ढिलाई समाप्त हो। आज से सारे मुकदमों की सुनवाई और फ़ैसले हमारी गुफ़ा में होंगे।'

इमर्जेंसी के दौर में जो पशु न्याय की तलाश में शेर की गुफ़ा में घुसा, उसका अन्तिम फैसला कितनी शीघ्रता से हुआ, इसे सब जानते हैं।

क्रमशः प्रगति

ख़रगोश का एक जोड़ा था, जिनके पाँच बच्चे थे।

एक दिन भेड़िया जीप में बैठकर आया और बोला, "असामाजिक तत्त्वो, तुम्हें पता नहीं, सरकार ने तीन बच्चों का लक्ष्य रखा है।" और दो बच्चे कम करके चला गया।

कुछ दिनों बाद भेड़िया फिर आया और बोला, "सरकार ने लक्ष्य बदल दिया है," और एक बच्चे को और कम कर चला गया।

ख़रगोश के जोड़े ने सोचा, जो हुआ सो हुआ, अब हम शान्ति से रहेंगे। मगर तभी जंगल में इमर्जेंसी लग गई।

कुछ दिन बाद भेड़िये ने ख़रगोश के जोड़े को थाने पर बुलाया और कहा, "सुना है, तुम लोग असन्तुष्ट हो सरकारी निर्णयों से और गुप्त रूप से कोई षड्यन्त्र कर रहे हो?"

ख़रगोश ने साफ़ इनकार करते हुए सफ़ाई देनी चाही, पर तभी भेड़िये ने बताया कि इमर्जेंसी के नियमों के तहत सफ़ाई सुनी नहीं जाएगी।

उस रोज़ थाने में जोड़ा कम हो गया।

दो बच्चे बचे। मूर्ख थे। माँ-बाप को तलाशने ख़ुद थाने पहुँच गए। भेड़िया उनका इन्तज़ार कर रहा था।

यदि थाने नहीं जाते तो वे इमर्जेंसी के बावजूद कुछ दिन और जीवित रह सकते थे।

कला और प्रतिबद्धता

कोयल का कंठ अच्छा था, स्वरों का ज्ञान था और राग-रागिनियों की थोड़ी-बहुत समझ थी। उसने निश्चय किया कि वह संगीत में अपना कैरियर बनाएगी। ज़ाहिर है, उसने शुरुआत आकाशवाणी से करनी चाही।

कोयल ने एप्लाय (आवेदन) किया। दूसरे ही दिन उसे ऑडीशन के लिए बुलावा आ गया। वे इमर्जेंसी के दिन थे और सरकारी कामकाज की गति तेज़ हो गई थी।

कोयल आकाशवाणी पहुँची। स्वर-परीक्षा के लिए वहाँ तीन गिद्ध बैठे हुए थे।

"क्या गाऊँ?" कोयल ने पूछा।

गिद्ध हँसे और बोले, "यह भी कोई पूछने की बात है! बीस-सूत्री कार्यक्रम पर लोकगीत सुनाओ। हमें सिर्फ़ यही सुनने-सुनाने का आदेश है।"

"बीस-सूत्री कार्यक्रम पर लोकगीत? वह तो मुझे नहीं आता। आप कोई भजन या ग़ज़ल सुन सकते हैं।" कोयल ने कहा।

गिद्ध फिर हँसे।

"ग़ज़ल या भजन? बीस-सूत्री कार्यक्रम पर हो तो अवश्य सुनाइए!"

"बीस-सूत्री कार्यक्रम पर तो नहीं है।" कोयल ने कहा।

"तब क्षमा कीजिए, कोकिला जी, हमारे पास आपके लिए कोई स्थान नहीं है।" गिद्धों ने कहा।

कोयल चली आई। आते हुए उसने देखा कि म्यूज़िक रूम (संगीत कक्ष) में कौवों का दल बीस-सूत्री कार्यक्रम पर कोर्स रिकॉर्ड करवा रहा है।

कोयल ने उसके बाद संगीत में अपना कैरियर बनाने का आइडिया त्याग दिया और शादी करके ससुराल चली गई।

बुद्धिजीवियों का दायित्व

लोमड़ी पेड़ के नीचे पहुँची। उसने देखा, ऊपर की डाल पर एक कौवा बैठा है, जिसने मुँह में रोटी दाब रखी है। लोमड़ी ने सोचा, अगर कौवा ग़लती से मुँह खोल दे तो रोटी नीचे गिर जाए। नीचे गिर जाए तो मैं खा लूँ।

लोमड़ी ने कौवे से कहा, ''भैया कौवे! तुम तो मुक्त प्राणी हो, तुम्हारी बुद्धि, वाणी और तर्क का लोहा सभी मानते हैं। मार्क्सवाद पर तुम्हारी पकड़ भी गहरी है। वर्तमान परिस्थितियों में एक बुद्धिजीवी के दायित्व पर तुम्हारे विचार जानकर मुझे बहुत प्रसन्नता होगी।

''यों भी तुम ऊँचाई पर बैठे हो, भाषण देकर हमें मार्गदर्शन देना तुम्हें शोभा देगा। बोलो, मुँह खोलो कौवे!''

इमर्जेंसी का काल था। कौवे बहुत होशियार हो गए थे। चोंच से रोटी निकाल अपने हाथ में ले धीरे से कौवे ने कहा, ''लोमड़ी बाई, शासन ने हम बुद्धिजीवियों को यह रोटी इस शर्त पर दी है कि इसे

मुँह में ले हम अपनी चोंच को बन्द रखें। मैं ज़रा प्रतिबद्ध हो गया हूँ आजकल, क्षमा करें। यों मैं स्वतन्त्र हूँ, यह सही है और आश्चर्य नहीं, समय आने पर मैं बोलूँ भी।"

इतना कहकर कौवे ने फिर रोटी चोंच में दाब ली।

तरखामा और सिरागी

सिरागी पहाड़ी पर रहनेवाले हबीब नामक एक व्यक्ति ने तरखामा ज़िले की बड़ी तारीफ़ें सुन रखी थीं कि वहाँ पर हर चीज़ बहुतायत से पैदा होती है और उपज के फल बड़े और वज़नदार होते हैं। उसने सोचा—क्यों न उस जगह को चलकर ख़ुद देखा जाए!

यह सोचकर वह चल पड़ा। जब वह ज़िले के क़रीब मजलिस के दर्रे पर पहुँचा तो तेज़ी से पानी बरसने लगा। हबीब भेड़ के चमड़े का लम्बा कोट पहने हुए था। पानी से भीगकर वह भारी हो गया और लम्बा होकर ज़मीन पर लथड़ाने लगा।

"वाह, तरखामा ज़िला वाकई शानदार है। यहाँ तो कोट तक लम्बे हो जाते हैं।" हबीब ने प्रसन्नता से कहा और नीचे लटकते हुए कोट से एक टुकड़ा काट लिया ताकि मौका मिलते ही उसकी टोपी बना ले।

जब वह सिरागी के पहाड़ की तरफ़ लौटा, तब पानी बन्द हो चुका था और सूरज की गर्मी में सूखकर उसका कोट सिकुड़कर छोटा हो गया था।

"और देखो यह बदनसीब ज़मीन, जहाँ हम रहते हैं।" हबीब ने अफ़सोस से कहा, "तरखामा में जो चीज़ विकसित और वज़नदार हो जाती है, वह भी यहाँ छोटी हो जाती है और किसी काम की नहीं रहती।"

पत्थर क्यों हँसा ?

गाँव के चौराहे पर एक पत्थर बरसों से रखा है। इस पत्थर की खूबी है कि इसमें एक दरार पड़ी है। यह दरार भी बरसों से है जिसकी अपनी एक कहानी है।

लोग बताते हैं कि कोई सौ साल या दो सौ साल पहले इस पत्थर पर दो शख़्स बैठे बातें कर रहे थे।

एक ने कहा, ''पता है, मेरा बाप क़द में इतना लम्बा था कि जब वह घोड़े की पीठ पर बैठता था, उसका सिर बादलों में छुप जाता था।''

''अच्छा! ठीक है, ऐसा हो जाता है,'' दूसरे ने कहा, ''मगर तुम्हारे बाप ने बताया होगा कि वे बादल बालों की तरह नरम लगते थे!''

''मुझे याद नहीं पड़ता...हो सकता है, कहा हो।''

"प्यारे भाई, जिन्हें तुम्हारा बाप बादल समझता था, वह मेरे दादाजान की दाढ़ी थी।"

"वाकई में! हो सकता है।"

लोग कहते हैं कि इन घमंडियों की ये बातें सुन पत्थर से भी नहीं रहा गया और वह तुरन्त फट पड़ा।

अनिश्चय में लटका हुआ कैज़ुअल का मारा

एक मन करता है—जाएँ, एक मन करता है कि न जाएँ। समझ में नहीं आ रहा। कई बार सोचते हैं कि चले ही चलो। फिर सोचते हैं, क्या धरा है, रहने दो। सुबह से यही सोच रहे हैं। तबीयत होती है कि न ही जाएँ। घर पर ही रहें। तानखूँटी सोएँ या मूड हुआ तो एकाध मैटिनी जमा लेंगे। दो-तीन दिनों से इच्छा हो रही है। फिर सोचते हैं, बेकार है, क्या फायदा! कल यों भी छुट्टी है। दोपहर को सो लेंगे। बिना वजह एक दिन जाएगा।

पर छुट्टी के रोज़ तो जो सोचते हैं, वही नहीं हो पाता है। मित्र आ जाते हैं। कोई काम लग जाता है। बाहर घूमने और मिलने-जुलने जाने की बात भी उठ जाती है। जाना पड़ता है। न गए, तो कोई आ धमकता है। फिर वही—सारा दिन बेकार जाता है। आज न जाएँ तो रेस्ट हो जाए एक दिन का। दो रोज़ मिल जाएँगे। मगर ख़याल आता है, यार, बेकार में एक कैज़ुअल गल जाएगी। बाद में शायद ज़रूरत पड़े क्योंकि ऐसा है कि जानते हो, साल ख़त्म होने में दो महीने हैं।

क्या जाने कब क्या हो? पर क्या होगा? कैजुअल पड़ी-पड़ी अचार देगी क्या? ले लो कमबख़्त को, देखा जाएगा। तीन कैजुअल बची हैं। दो फिर भी बच जाएँगी। बाद में ले लेंगे।

फिर एक विचार होता है कि उधर तीन दिन की इकट्ठी ले लेंगे। एक दिसम्बर में और अगर हुआ तो कहीं हो आएँगे।

कहाँ जाएँगे? आजकल कहीं आना-जाना हो ही नहीं पाता। घर के घर में। फिर तीन दिन का कैज़ुअल लेने में तगड़ा बहाना ढूँढ़ना पड़ता है। कमबख़्त पूछते हैं कि तीन दिनों का आकस्मिक अवकाश क्यों लेना पड़ा—स्पष्ट कीजिए। क्या पूर्व सूचना नहीं दी जा सकती थी और पूर्व सूचना दो तो छुट्टी अस्वीकार कर देते हैं। परेशानी है। बात यह है कि दिसम्बर में सब अपनी कैज़ुअल ख़त्म करने की सोचते हैं। करें क्या! सो क्या हर्ज़ है कि एक दिन की अभी ले लें? कल छुट्टी है ही। दो रोज़ की हो जाएगी। सो लेंगे दोपहर को तानखूँटी। हुआ तो एक मैटिनी जमा लेंगे।

पर बड़ी गड़बड़ है। दफ़्तर चले ही जाएँ। घर भी क्या करेंगे! नहीं, गए तो फिर आना नहीं हो पाएगा। कल छुट्टी है। घर ही रहना है। कहीं जाएँगे-आएँगे नहीं। दफ़्तर में भी क्या काम है, बैठना ही तो है। मौक़ा लगा तो वहीं रिकॉर्ड रूम या स्टोर में घुसकर घंटा-दो घंटा सो लेंगे। क्या है, कोई काम तो है नहीं। साहब तो दो बजे से मीटिंग में जाएगा तो यों भी कुछ होना-जाना नहीं है। सब साले कैंटीन के चक्कर काटेंगे। गप्प-सड़ाके और क्या! जैसा घर, वैसा दफ़्तर।

तो चले ही जाएँ। वह फ़ाइल भी आज देनी है साहब को दस्तख़त करने के लिए। कहीं माँग बैठे तो? बुलाएगा और पता लगेगा कि छुट्टी पर हूँ तो यों ही भिनकेगा। दफ्तर चले ही जाएँ। फिर सोचते हैं, रहने दें। क्या है! कोई ज़रूरी है कि फ़ाइल पर आज

ही दस्तख़त हो? शायद ही माँगे फ़ाइल आज। इसका दिमाग़ तो मीटिंग पर लगा रहेगा। ग्यारह बजे वह दफ़्तर आएगा, दो बजे मीटिंग है। इस बीच में क्या कर लेगा! हो सकता है, फ़ाइल लेकर जाओ तो भी दस्तख़त न करे। 'आई एम वेरी बिजी।' फिर जल्दी क्या है! परसों हो जाएँगे दस्तख़त। इतने दिन पड़ी रही तो दो रोज़ और सही।

सब चलता है। और माँगेगा भी तो वर्मा दस्तख़त करवा लेगा। सामने टेबल पर ही तो पड़ी है। वह छुट्टी लेता है तो हम भी उसका काम कर देते हैं। क्या है उसमें! दस्तख़त ही तो करवाना है। ड्राफ़्ट साहब देख ही चुके हैं। दो मिनट का काम है। मगर वर्मा बड़बड़ाएगा। हो सकता है, कह दे कि सर, फ़ाइल मिल नहीं रही। नीच। यों ही बात बढ़ेगी। दस्तख़त हो जाएँगे पर फोकट का ऑब्लीगेशन। दफ़्तर चले ही जाएँ। एक मन करता है, रहने दें। कैजुअल तो कैजुअल है। इनसान का हक़ है। जब ज़रूरत होगी, वह लेगा। आई एम सिक। कर लो, क्या करते हो! अनेबुल टु अटेंड ऑफिस। बस। हमारी तबीयत। नहीं आते। क्या है? यों ही क्या होता है? एक दिन नहीं गए तो कौन-से काम रुक जाएँगे?

वह उठा और अन्दर चला गया। रसोई के दरवाज़े की चौखट से टिककर खड़ा कुछ देर काम करती हुई पत्नी को देखता रहा। फिर बोला, "आज दफ़्तर जाने को मन नहीं कर रहा।"

"क्यों?"

"यों ही। सोचते हैं, छुट्टी ले लें। तीन दिन की कैजुअल बकाया है। बेकार जाएगी।"

"ले लो," पत्नी ने कहा और काम करती रही।

कुछ देर चुप खड़े रहने के बाद वह फिर बोला, "क्या ख़याल है, ले लें छुट्टी? मगर घर पर भी क्या करेंगे?"

"हाँ, काम तो कुछ है नहीं," पत्नी ने कहा।

"वही सोच रहे हैं। बेकार एक दिन की कैजुअल जाएगी। फ़ायदा क्या? आगे शायद लेनी पड़ जाए। चले ही जाएँ दफ़्तर।"

"चले जाओ," वह बोली।

"हूँ, यही सोच रहे हैं। क्या करें?" कुछ क्षण रुककर फिर कहने लगा, "ले लेते छुट्टी तो एक दिन का रेस्ट हो जाता। कल छुट्टी है ही। फिर ठाठ से परसों जाते दफ़्तर। तबीयत नहीं कर रही आज दफ़्तर जाने की, मगर अब घर भी रहकर क्या करेंगे, क्यों?"

वह पीछे बाड़े में चला गया और धूप में खड़ा हो गया। नल पतला बह रहा था। उसने सोचा, अगर दफ़्तर जाना ही है तो अब उसे नहा लेना चाहिए। फिर देर हो जाएगी। न भी जाना हो तो भी नहा लेने में क्या हर्ज़ है? पानी गरम करवा लेते तो ठीक रहता। जल्दी क्या है! नहीं गए दफ़्तर तो बाद में गरम करवाकर तबीयत से नहाएँगे। उसने दोनों हाथ सिर पर रखे और पैर पटकता फिर अन्दर आ गया। कुछ देर कमरे के बीच खड़े रहने के बाद वह पलँग पर बैठ गया।

क्या करें? एक मन करता है, रहने दो। आज कुछ तबीयत नहीं हो रही। आलस आ रहा है। यों जाने में भी कोई हर्ज़ नहीं। वहाँ भी कोई काम तो है नहीं। साहब शायद बुलाएँ फ़ाइल के लिए। नहीं मिलेगी तो नाराज़ होंगे। यों ही इम्प्रेशन बिगड़ेगा। बिगड़े साला। हमने कोई ख़ैरख़्वाही का ठेका ले रखा है? सब मौज मारते हैं और हम एक दिन की कैजुअल भी नहीं ले सकते? हद है! आख़िर इनसान का हक़ है। नौकरी की है तो कोई बेच दिया है अपने को? आई एम सिक। क्या मतलब होता है इसका? तीन दिन की कैजुअल बकाया है। बचा के करना क्या है? बेकार है। हम ही बेवकूफ़ बनेंगे। कोई तारीफ़ करनेवाला तो है नहीं। कितनी ही ख़ैरख़्वाही दिखाओ, क्या है! घर

पर रहेंगे तो दिनभर रेस्ट करेंगे। जाएँ, जिनको दफ़्तर जाना हो। इनसान को कभी-कभी थोड़ा रेस्ट करना चाहिए।

पर कहाँ रेस्ट मिलता है! घर पर भी कहाँ रेस्ट मिलता है! बेकार सुस्ती चढ़ेगी, और क्या! जहाँ तक आराम का सवाल है, दफ़्तर में भी हो सकता है। दो बजे से मीटिंग है। साहब रहेंगे नहीं। सब मौज करेंगे। जाना, नहीं जाना एक ही मतलब है। एक कैजुअल बिना वजह गल जाएगी।

अपनी साड़ी से हाथ पोंछती हुई पत्नी कमरे में आई और उसको देखकर बोली, "फिर क्या तुम दफ़्तर जा रहे हो या नहीं जा रहे हो?"

"वही सोच रहे हैं, जाएँ कि न जाएँ। एक मन करता है कि चले जाएँ, एक मन करता है, रहने दें।"

"सोच लो," पत्नी ने कहा।

"हूँ।" उसने कहा और फिर सोचने लगा।

●●●